Qualquer um consegue

SAHAR E BOBBY HASHEMI

Actual Editora
Conjuntura Actual Editora, L.ᵈᵃ

Missão
Editar livros no domínio da Gestão e Economia e tornar-se uma editora de referência nestas áreas. Ser reconhecida pela sua qualidade técnica, **actualidade** e relevância de conteúdos, imagem e *design* inovador.

Visão
Apostar na facilidade e compreensão de conceitos e ideias que contribuam para informar e formar estudantes, professores, gestores e todos os interessados, para que através do seu contributo participem na melhoria da sociedade e gestão das empresas em Portugal e nos países de língua oficial portuguesa.

Estímulos
Encontrar novas edições interessantes e **actuais** para as necessidades e expectativas dos leitores das áreas de Economia e de Gestão. Investir na qualidade das traduções técnicas. Adequar o preço às necessidades do mercado. Oferecer um *design* de excelência e contemporâneo. Apresentar uma leitura fácil através de uma paginação estudada. Facilitar o acesso ao livro, por intermédio de vendas especiais, *website*, *marketing*, etc.
Transformar um livro técnico num produto atractivo.
Produzir um livro acessível e que, pelas suas características, seja **actual** e inovador no mercado.

JOVEM EMPREENDEDOR

Qualquer um consegue

SAHAR E BOBBY HASHEMI

www.actualeditora.com
Lisboa — Portugal

Actual Editora
Conjuntura Actual Editora, L.da
Caixa Postal 180
Rua Correia Teles, 28-A
1350-100 Lisboa
Portugal

TEL: (+351) 21 3879067
FAX: (+351) 21 3871491

Website: www.actualeditora.com

Título original: *Anyone Can do It. Building coffee republic from our kitchen table.*
Copyright © 2007 Sahar e Bobby Hashemi
Edição original publicada em 2002 por Capstone Publishing (Wiley Company).

Edição Actual Editora – Novembro 2007
Todos os direitos para a publicação desta obra em Portugal reservados
por Conjuntura Actual Editora, L.da

Tradução: Catarina Fróis
Revisão: Marta Pereira da Silva e Sofia Ramos
Design da capa: Brill, Reino Unido
Paginação: Fernando Mateus
Gráfica: Guide – Artes Gráficas, L.da
Depósito legal: 267011/07

ISBN: 978-989-8101-15-0

Nenhuma parte deste livro pode ser utilizada ou reproduzida, no todo ou em parte, por qualquer processo mecânico, fotográfico, electrónico ou de gravação, ou qualquer outra forma copiada, para uso público ou privado (além do uso legal como breve citação em artigos e críticas) sem autorização prévia por escrito da Conjuntura Actual Editora.

Este livro não pode ser emprestado, revendido, alugado ou estar disponível em qualquer forma comercial que não seja o seu actual formato sem o consentimento da sua editora.

Vendas especiais:
O presente livro está disponível com descontos especiais para compras de maior volume para grupos empresariais, associações, universidades, escolas de formação e outras entidades interessadas. Edições especiais, incluindo capa personalizada para grupos empresariais, podem ser encomendadas à editora. Para mais informações, contactar Conjuntura Actual Editora, L.da

índice

9   Prefácio

15 Capítulo 1 – Qualquer um pode ser empreendedor?
41 Capítulo 2 – O capítulo da ideia
57 Capítulo 3 – Estudo de mercado
89 Capítulo 4 – Escrever o plano de negócios
119 Capítulo 5 – Angariar financiamento para a sua ideia
129 Capítulo 6 – Implementação
169 Capítulo 7 – Em funcionamento
185 Capítulo 8 – Crescimento

229 Epílogo
231 Agradecimentos

Este livro é dedicado

À memória do nosso pai que nos ensinou o valor do trabalho árduo e do compromisso

À nossa mãe que nos ensinou a sonhar

A todos aqueles que alguma vez trabalharam na Coffee Republic: Foram vocês que tornaram este sonho realidade

Sobre os autores:

Sahar e **Bobby Hashemi** são a equipa de irmãos que construiu a Coffee Republic, a sofisticada cadeia de cafés originária do Reino Unido. Tendo desistido de empregos extremamente bem pagos, ela uma advogada em Londres e ele consultor na banca de investimento em Nova Iorque, apostaram tudo num sonho – criar a melhor cadeia de cafés na Grã-Bretanha. Oito anos depois, são dois prestigiados empreendedores no Reino Unido.

prefácio

Esta imagem é-lhe familiar?
Teve sempre óptimas ideias para negócios confortavelmente guardadas algures no fundo da sua mente. Até já se imaginou, secretamente a "dar o salto" e a descobrir se conseguiria transformar estas ideias em realidade. Acredita realmente que teve uma ideia que pode funcionar e está convencido de que é a pessoa certa para lhe dar vida.

Além de ter esta ideia específica para um negócio que tem a certeza de que será um êxito, também sonhou sempre que um dia iria fazer uma coisa sua, ser o seu próprio chefe. Anseia pela liberdade, pela independência, pelo entusiasmo e pela satisfação de tornar a sua visão em realidade, com todas as recompensas que isso lhe iria trazer. No entanto, não está a fazer nada por isso! Continua a adiar a conquista do seu sonho para uma data incerta num futuro distante. Até lá, esse sonho permanece algo que promete a si próprio que um dia irá fazer, e torna-se uma luz ao fundo do túnel, um grande futuro com o qual pode sonhar, algo que o faz aguentar a rotina diária do seu trabalho.

> **Coloque esta questão:**
> **Por que é que não está a perseguir o seu sonho agora?**

É porque está na sua zona de conforto e o empreendedorismo é um grande salto para o desconhecido? Embora admita a si próprio que essa zona não é um local inspirador ou entusiasmante, não deixa de ser segura, um terreno sólido com o qual está mais familiarizado, enquanto que o empreendedorismo é um oceano inexplorado, um profundo mar azul a recear. A questão que realmente tem de enfrentar é: tem vontade e determinação para deixar a terra firme e decidir-se a navegar nas águas crispadas e desconhecidas do empreendedorismo mesmo não estando cem por cento certo de que a sua ideia irá funcionar? Um olhar para o oceano à sua frente e talvez para as incertezas, as perguntas sem respostas, o que pensa ser a sua falta de conhecimento e o receio geral do desconhecido são suficientes para o convencer a ficar parado na sua zona de conforto e a não avançar. Não faz a mais pequena ideia de como seria se decidisse ir em frente.

Qualquer um consegue é a nossa resposta às perguntas difíceis sobre o que enfrenta um empreendedor quando está a tomar a decisão de ir ou não em frente na concretização dos seus sonhos. Se quer saber como irá ser, então esperamos dar-lhe as respostas.

Sabemos o que espera, porque estivemos na mesma zona de conforto onde se encontra agora e colocámos a nós próprios as mesmas perguntas com que irá deparar-se se decidir "dar o salto". Há alguns anos atrás, estávamos no seu lugar, tínhamos empregos seguros mas com o sonho de algo melhor no fundo das nossas mentes que simplesmente não se ia embora. Fomos à luta e sobrevivemos para contar a história nas páginas que se seguem.

Nós não somos professores de Gestão e também não lhe vamos contar uma história desinteressante e académica. Também não pretendemos que este seja um manual definitivo de como lançar um novo negócio. Nem estas são as memórias típicas de um negócio ou uma história empresarial a relatar a vida da empresa que fundámos, a Coffee Republic.

prefácio

Esta é a nossa história pessoal. De certa forma, é uma mistura de tudo isto, mas é também simplesmente uma história humana de dois aspirantes a empreendedores que foram atrás do negócio com que sonhavam. Somos duas pessoas que provavelmente em muitos aspectos somos como você. Mas parámos de "pensar sobre isso" e, de facto, começámos com alguma cautela, alcançámos os nossos objectivos e aprendemos imenso pelo caminho.

Iremos contar-lhe como foi deixar a nossa zona de conforto de empregos cómodos – empregos para os quais tivemos formação durante a maior parte da nossa vida – para saltarmos para o mundo desconhecido do café e da venda a retalho, temas que nos eram completamente desconhecidos.

A caminhada que fizemos foi a aventura mais entusiasmante e satisfatória que alguma vez pudéssemos ter imaginado, mas foi mais do que uma aventura de negócios. Em vez disso, foi uma viagem de vida.

A nossa história fornece-lhe um guia passo a passo para os desafios e dificuldades, altos e baixos, alegrias e frustrações de criar um negócio - iremos explicar o que fizemos e como o fizemos e, ao fazê-lo, talvez lhe transmitamos inspiração e algum conhecimento para acreditar que também o consegue fazer. Não vamos esconder as dificuldades e não vamos prometer-lhe uma viagem fácil, mas garantimos-lhe que o percurso que tomámos é o caminho mais recompensador que alguma vez percorremos e, embora não deixe de ser trabalho, irá ser a coisa mais divertida que alguma vez teve na vida, caso decida segui-lo também.

> *"A vida ou é uma aventura ousada ou não é nada"*
>
> NAPOLEÃO

Ao conduzi-lo através dos nossos pensamentos, das nossas inspirações e mesmo dos nossos apontamentos e divagações nocturnas, terá uma imagem "ao vivo e a cores" da angústia e êxtase da caminhada empreendedora. Depois, se se encontrar na encruzilhada onde tem de decidir se vai perseguir o seu sonho ou ficar na sua zona de conforto, irá conseguir responder a esta questão e decidir por si próprio:
Por que é que não está a seguir o seu sonho?

RESUMO DOS PASSOS

Está prestes a iniciar uma caminhada que começa com uma ideia e acaba com a realidade de uma empresa cotada em bolsa. Ao longo do percurso encontra-se uma série de passos-chave, e foi de acordo com eles que nós planeámos a nossa viagem e estruturámos este livro.

Acreditamos que existe um "processo" para o empreendedorismo. Uma metodologia passo a passo que qualquer um pode seguir. Muito genericamente, envolve os seguintes passos.

Passo 1 – Está pronto para ser um empreendedor?
Iremos convencê-lo de que qualquer um pode ser um empreendedor.
Vamos desmontar o mito de que os empreendedores são sobre-humanos (não são, com certeza). Depois, será capaz de tomar uma decisão consciente sobre se o empreendedorismo é ou não para si.

Passo 2 – Tem uma GRANDE ideia?
Se pretende uma vida de empreendedorismo, então qual é o negócio que vai começar?
Como é que acende aquela "ideia luminosa" na sua cabeça?
Ou, se já tem a tal grande ideia que não o deixa dormir à noite, como é que sabe se vale a pena concretizá-la?

prefácio

Passos 3-7 – O processo de tornar a sua ideia num negócio.
Quando tiver decidido que iniciar o seu próprio negócio é o certo para si e quando tiver uma ideia básica em mente, o que se segue?

Passo 3 É o primeiro passo que dá relativamente à sua ideia: estudo de mercado.
Passo 4 É escrever o seu plano de negócios.
Passo 5 Angariar financiamento.
Passo 6 Implementar a sua ideia e torná-la num negócio real.
Passo 7 Se o construir terá clientes? Este passo é sobre a gestão propriamente dita do negócio que criou.

Passo 8 – Expandir ou não expandir? Uma vez implementada a sua ideia, o que se segue? A chave não está apenas em dar vida ao seu sonho. Consiste também em criar um negócio vivo e gerir as questões inevitáveis que se seguem sobre o seu crescimento.

Perguntam-nos muitas vezes quanto tempo levou a Coffee Republic a percorrer este caminho. A resposta é que nos demorou quase exactamente um ano.

> O esquema do nosso *timing* foi mais ou menos como se segue:
> - Encontrar uma ideia: uma noite e um dia
> - Estudar a ideia: dois meses
> - Escrever o plano de negócios e angariar financiamento: três meses
> - Procura de um local e implementação; equipamento e abertura de loja: sete meses
> - Crescimento 1-7 lojas: 2 anos
> - Crescimento 7-25 lojas: 1 ano
> - Crescimento 25-75 lojas: 2 anos

1 qualquer um pode ser empreendedor?

Data: 2 de novembro de 1994

Local: uma escura noite de inverno num restaurante tailandês perto de King's Road, Londres

Sahar: "*Sinto mesmo falta dos* cappuccinos *e dos* muffins *sem calorias daqueles cafés de Nova Iorque. Eram tão bons. Nem acredito que não há nada do género em Londres.*"

Bobby: "*Sabes, isso é uma grande ideia para um negócio. Quando eu estava no Lehman um colega meu deixou na minha mesa uns prospectos de uma cadeia norte-americana de cafés. Podia mesmo ser uma boa oportunidade em Londres. Por que é que não abrimos uma cadeia assim?*"

Sahar: "*Porque sou advogada! Eu não disse que queria começar a vender café, só o quero como cliente! Não sou empresária.*"

Bobby: *"Confia em mim, esta é uma grande ideia de negócio. Vamos em frente."*

Sahar: *"Estás a começar a enervar-me. Não andei a estudar toda a vida para desistir do Direito e abrir um café. Um dos teus colegas que abra um contigo. Podes contar comigo como cliente todos os dias, duas vezes ao dia."*

Sahar nunca se viu como empreendedora. De facto, não seria um exagero dizer que a ideia de começar o seu próprio negócio nunca sequer lhe tinha passado pela cabeça. A necessidade que sentia como consumidora de um certo tipo de café tornou-a numa coisa que nunca imaginou que viria a ser: uma empreendedora. Bobby, por seu lado, sabia muito sobre negócios e quais os passos necessários para começar um. Faltava-lhe o ingrediente mais importante para se tornar num empreendedor: uma boa ideia.

Cada um de nós chegou ao empreendedorismo com pontos de partida bem diferentes. Sahar como cliente, Bobby com o desejo ardente de criar o seu próprio negócio.

Não existe um caminho directo que todos os empreendedores tenham seguido. Pode encontrar o caminho do empreendedorismo de diversas formas. Pode ser uma combinação de:
- ◆ Uma GRANDE ideia que não desaparece.
- ◆ Uma falta no mercado que localizou como consumidor (o caso de Sahar).
- ◆ O desejo profundo de ser o capitão da sua alma, comandante do seu navio (já teve a sua dose de vida em empresas).
- ◆ Uma adversidade (por exemplo perder o emprego) pode encorajá-lo.
- ◆ Um acontecimento inesperado pode forçá-lo quase acidentalmente a encontrar uma boa oportunidade de negócio.
- ◆ Ou simplesmente estar entediado com o seu *statu quo*.

Quaisquer que sejam os seus motivos, acreditamos que muitos pensam que não têm essa opção, porque são levados a crer que não é qualquer um que pode ser empreendedor e que o empreendedorismo está reservado a visionários sobre-humanos. Queremos provar-lhe que o empreendedorismo é uma opção aberta a qualquer um. Não é inata, cultiva-se. Todos temos este atributo, apenas precisamos de saber como o activar.

Regra #1
Esqueça o tipo destemido do género "Richard Branson"
Ao ler alguns artigos de jornal fica com a impressão de que todos os que criam um negócio estão abençoados por uma espécie de génio, mas acreditamos que isso é um mito e queremos desesperadamente desfazê-lo.

As lendas e a sabedoria convencional fizeram-nos acreditar que, a menos que seja um aventureiro extrovertido que adora os negócios desde o jardim-de-infância (e de preferência tenha ganho o seu primeiro milhão a vender doces no recreio) e seja de alguma forma abençoado com competências do outro mundo, criar um negócio por conta própria não será uma opção para si. "A não ser que adquira capacidades excepcionais de liderança ao longo da sua vida, esqueça o empreendedorismo", é o que costuma ouvir. O pior de tudo é que, se nunca desistiu da escola e, em vez disso, tem uma boa formação e a sua carreira teve um percurso normal e moderadamente bem sucedido, pode mesmo riscar o empreendedorismo como uma opção para o seu futuro.

Disparates. A verdade é que a sabedoria convencional devia ser ignorada! Simplesmente não é verdadeira. Todos os tipos de pessoas iniciam negócios e todos os tipos de pessoas têm êxito depois de o fazerem. Não existe uma identidade de empreendedor. A única diferença entre você e aqueles que já têm o sucesso é que eles decidiram pôr em prática os mesmos instrumentos que tem em sua posse para perseguir os seus sonhos e não os sonhos de outros. Nós culpamos as crenças convencionais erradas por aquilo a que chamamos de o "efeito Richard Branson". Olha para ele a andar espectacularmente de balão à volta do mundo e é provável que sinta lá no fundo que alguém como você não tem o que é preciso. Está convencido de que o empreendedorismo requer uma fórmula alquimista reservada aos génios. Bom, aqui estão as boas notícias: não é verdade!

Nem todos os negócios de sucesso são como a Virgin e todos os empreendedores de sucesso (e felizes) não têm de ter qualidades pessoais "bransonescas" para que a sua "visão" se torne uma realidade.

Observe a rua principal do sítio onde mora e consciencialize-se de que a maior parte das marcas de lojas à sua volta foram em tempos apenas *start-ups* empreendedoras. Aquilo que não vê é que os rostos por detrás dessas *start-ups* não eram prodígios dos negócios. A maior parte não sabia nada sobre negócios e poucos teriam como objectivo tornar-se "empreendedores". Apenas sabiam que adoravam os seus produtos e os seus negócios foram construídos com base numa dedicação a esse ideal.

A História está cheia de empreendedores de todas as formas e feitios. Se pensar bem, Cristóvão Colombo é um dos primeiros exemplos. A sua grande ideia era encontrar um caminho mais rápido para a Ásia, navegando para Oeste em vez de para Este, e assim tornar o comércio mais rentável. E, pelo caminho, descobriu a América! Colombo levou quase seis anos a convencer o Rei Fernando de Espanha a financiar a sua expedição através do seu "plano de negócios".

Assim que Colombo conseguiu apoio régio e financeiro, comprou navios, contratou homens (a sua "equipa de gestão") e zarpou seis meses mais tarde ("estabeleceu o seu negócio").

Cem anos após Colombo, os primeiros colonos tiveram outra grande ideia: ir para a América explorar o novo mercado para ouro, prata e jóias. Os destemidos exploradores enfrentaram a mesma tarefa de qualquer empreendedor, a de encontrar financiamento para o empreendimento, quer por parte da Coroa, quer de uma companhia comercial. E, assim, também eles navegaram para territórios desconhecidos para estabelecerem os seus negócios - nós pensamos neles como pioneiros, mas as suas actividades são, de facto, as bases daquilo que hoje em dia apelidamos de empreendedorismo.

A História está repleta de pessoas de sucesso que reconheceram uma oportunidade e agiram em conformidade. São todos empreendedores. A palavra "empreendedor" poderá ser uma invenção dos nossos tempos, mas a realidade é tão velha como a humanidade.

Regra #2
O empreendedorismo não é um traço de personalidade
O que devemos perceber é que não há um tipo universal de empreendedor. Não existe nenhum conjunto de características comum que permita, de alguma forma, dizer à partida que, se demonstra ter essas características, é mais provável que o seu negócio venha a ter sucesso. Relativamente ao empreendedorismo, estamos a falar de uma "disciplina" que todos podem aprender. É cultivada, não é inata.

Nas palavras do guru do empreendedorismo Peter Drucker:

> *"Não é um traço de personalidade: em trinta anos, vi pessoas com as mais diversas personalidades e temperamentos responder bem a desafios empresariais. Alguns empreendedores são egocêntricos e outros até dolorosamente conformistas. Uns são gordos e outros são magros. Alguns empreendedores são guerreiros e outros são descontraídos... Alguns têm um grande encanto e outros têm tanta personalidade como carapau congelado!"*

A mulher de Peter Drucker começou o seu próprio negócio aos 80 anos, quando se apercebeu de uma lacuna no mercado dos aparelhos auditivos. Até que ponto esta situação é atípica?

Uma boa resposta que já ouvimos dar à pergunta "o que é um empreendedor?" é esta: é como um elefante. É difícil de descrever, mas saberá reconhecê-lo quando o vir!

Então, a melhor e talvez a única definição que descreve e abarca verdadeiramente todos os empreendedores é que, fundamentalmente, eles agem da mesma forma: criam e gerem o seu próprio negócio. De uma forma mais abrangente, eles identificam uma oportunidade e têm a coragem de agir em conformidade.

Regra #3
Comportar-se como um empreendedor é um processo que qualquer um pode aprender

Uma vez que não existe um tipo de personalidade de empreendedorismo, qualquer um pode tomar as acções e gerir as capacidades que o tornarão num empreendedor. Peter Drucker salienta que "qualquer um que consiga encarar tomar decisões pode aprender a tornar-se num empreendedor e a comportar--se de forma empreendedora. Empreendedorismo é um comportamento e não uma característica de personalidade."

Acreditamos que, assim que tenha uma ideia e decida segui-la, começará a comportar-se de uma forma empreendedora, mesmo sem dar por isso. O único denominador comum que todos os empreendedores partilham é um sonho e a vontade de fazer tudo o que for preciso para tornar esse sonho realidade. Visualiza-se um produto final e trabalha-se a partir daí para trás, até o fazer acontecer.

Também vale a pena sublinhar que os empreendedores são diferentes dos inventores. Os inventores são os génios que têm ideias, enquanto os empreendedores transformam ideias em negócios (muitas vezes as ideias de outros). Os inventores contam com os seus instintos e genialidade. Eles são os Thomas Edison deste mundo e só há uma mão cheia deles. Os empreendedores, por outro lado, seguem um processo que para alguns pode ser intuitivo, mas que pode ser aprendido por todos.

Todos os empreendedores atravessam basicamente o mesmo processo de pegar na semente de uma ideia e transformá-la num negócio que funcione. Os passos são muito lineares e serão abordados no resto do livro (estudo de mercado, plano de negócios, angariação de financiamento, implementação).

Seguindo o processo desde o início, pode aprender a comportar-se de uma forma empreendedora utilizando os instrumentos que todos temos. Esses instrumentos são trabalho árduo, empenho, persistência e determinação. Todos os empreendedores contam com eles. Mas os instrumentos precisam de ser activados. É a sua paixão pela sua ideia que o irá fazer.

Quando isso acontecer, irá começar a comportar-se de uma forma empreendedora em todos os aspectos da sua vida, não só no negócio. Irá começar a ser mais pró-activo em assegurar-se de que as coisas que realmente quer estão ao seu alcance. Recusará receber um "não" como resposta a quase todas as questões.

Regra #4
A paixão irá activar as suas qualidades empreendedoras
É o seu combustível! Um pré-requisito essencial para se comportar como um empreendedor é sentir paixão pela sua ideia de negócio. O seu "interior empreendedor" irá ser activado através da paixão. Portanto, a chave para trazer para fora o seu interior empreendedor é tornar-se tão próximo quanto possível de alguma coisa que o consiga apaixonar. Se o fizer, a paixão irá tornar-se o seu

combustível na viagem empreendedora; "é o que faz girar o mundo". Esse ardor no seu estômago irá fazer emergir todas as qualidades que já tem, mas que precisam de ser activadas.

Se a ideia não o entusiasma, irá achar muito difícil motivar-se para fazer todo o trabalho árduo e ultrapassar os obstáculos. Se não adora o que o faz, a longa, árdua jornada não valerá a pena. O trabalho árduo apenas será sentido como tal e não como algo que faz enquanto persegue o seu sonho. Estará melhor a trabalhar das nove às cinco.

A paixão é o que o faz comportar-se de uma forma empreendedora e acciona todas as qualidades que vai precisar ao longo do percurso. Toda e qualquer história de um empreendedor começa com a paixão por uma ideia. E qualquer um consegue encontrar alguma coisa por que se apaixone.

Regra #5
Não precisa de competências ou de especialização
Poderá ficar surpreendido ao saber que a maioria dos empreendedores não tinha formação nem experiência no ramo em que lançou o seu negócio. De facto, a maioria não tinha qualquer tipo de experiência empresarial (como, por exemplo, dirigir uma empresa) quando começou.

Parece que ter criado o seu negócio lhes ensinou tudo o que precisavam de saber à medida que iam avançando. Por outras palavras, a experiência de *start--up* torna-se a grande fonte de aprendizagem do empreendedor. É uma escola de ciências empresariais, situada bem no meio do mundo real.

Quando começámos a delinear o nosso primeiro plano de negócios, Sahar pensava que não iria conseguir ter sucesso porque não tinha um MBA. Ao que o Bobby respondeu: "Sahar, estás prestes a entrar na melhor escola de ciências empresariais do mundo".

De facto, por vezes a falta de uma experiência profunda e de conhecimento da indústria pode ser uma vantagem para o empreendedor. Nós chamamos-lhe "a importância de estar às escuras", uma vez que lhe permite pensar só no produto final e ter a felicidade de estar inconsciente dos obstáculos que encontrará pelo caminho. O pensamento convencional força-o a pensar "dentro da caixa" mas, como empreendedor, precisa de pensar "fora da caixa". O facto de não possuir um profundo conhecimento da indústria dá-lhe, portanto, a abertura mental de que precisa para gerir a incerteza que outros não conseguirão e para trabalhar de modo a alcançar o seu objectivo.

Isto não quer dizer que pode continuar sem reconhecer as suas forças e fraquezas. À medida que continua o seu percurso, deve tentar sempre adquirir as competências de que precisa. Algumas pode aprender sozinho, outras pode contratar alguém ou recorrer a profissionais para o ajudarem. De qualquer forma, deve ser realista na sua auto-avaliação.

Regra #6
Qualquer um consegue – mas será que todos querem?
O empreendedorismo é para si?

Apesar de qualquer um conseguir, não estamos a dizer que iniciar um negócio seja para todos. Tem de fazer a si próprio a pergunta fundamental: tenho a certeza de que realmente quero ser um empreendedor? É prudente reflectir muito sobre se quer embarcar na viagem. Não é apenas uma escolha de carreira. Criar um negócio é tanto um conceito pessoal como um negócio. É tanto um estilo de vida como uma carreira.

É algo que reflecte não só o que faz, mas também quem é. Para os empreendedores, é frequente os dois serem a mesma coisa. Combinam os seus interesses pessoais com o trabalho. É uma espada de dois gumes. Pelo lado positivo, está a fazer uma coisa que o completa enquanto indivíduo, dá-lhe prazer e controlo sobre o seu destino. Pelo lado negativo, traz uma grande incerteza para a sua vida e nunca se pode desligar dela. Ao início, pelo menos, você e o seu negócio são o mesmo. Este é um compromisso emocional para o qual tem de estar preparado.

Um amigo empreendedor disse-nos uma vez que "iniciar um negócio não é diferente de criar outra coisa qualquer. A oportunidade que representa como um caminho para a auto-realização é quase sempre esquecida. Ultimamente, sinto que este é o seu maior benefício". Realmente acreditamos que, quando avaliado em termos de auto-realização, cada empreendedor ganha milhões com a sua viagem, independentemente do seu grau quantificável de sucesso.

Regra #7
Advertência: o sucesso não é fácil de obter. A taxa de fracasso é de 99 por cento

> *"Muitos sonham com o sucesso. Para mim, o sucesso só pode ser alcançado através de sucessivos fracassos e de introspecção. De facto, o sucesso representa um por cento do seu trabalho, o que faz com que 99 por cento seja um fracasso."*
>
> S. HONDA, industrial japonês

O processo de empreendedorismo é um projecto que consome muito tempo. Ser um empreendedor é um trabalho duro. Irá ouvir mais rejeições e desencorajamento do que é capaz de imaginar e terá de continuar independentemente das críticas. E irá encontrar críticos em todo o lado. Irá demorar mais tempo a conquistar os seus sonhos do que pensa ou espera. Tudo aquilo que receou pode e irá de certeza acontecer-lhe durante o caminho. Nada do que quer que aconteça irá acontecer facilmente. Todo o empreendedor diz que, no início, não fazia ideia do quanto seria difícil.

qualquer um pode ser empreendedor?

Mas se realmente se decidir a arriscar, prometemos-lhe que irá ser a melhor coisa que fará na sua vida. Nenhum dos empreendedores que se confrontaram com estas realidades lamenta tê-lo feito. Em retrospectiva, adoraram cada minuto. A maioria quase tem saudades dos velhos tempos. Olhando para trás, as dificuldades e todo o esforço parecem agora românticos.

"Gostava de poder ser quem era quando queria ser quem sou hoje."

Regra #8
Decida por si próprio o que fazer. Tem de tomar a decisão e só você pode fazê-lo
Não há nada de honroso em ser um empreendedor ou desonroso em trabalhar para outrem. Trata-se apenas do que VOCÊ quer da sua vida e dos seus dias. O empreendedorismo tem de ser a actividade certa para si.

Sugerimos que considere se quer ou não agir cautelosamente. Ignore os livros e as listas de empreendedor que lhe fazem perguntas do género: Adora o fracasso? Antecipa as rejeições com satisfação? Tem qualidades extraordinárias de liderança? É supercriativo? É excepcionalmente carismático ou bom a lidar com os outros?

Esses livros são concebidos para reforçar a imagem convencional do empreendedor como um ícone sobre-humano. Sugerem subtilmente que nem todos podem ser um empreendedor de sucesso. Como é que alguém pode adorar o fracasso? Como é que pode saber se é criativo se estudou Direito e trabalhou toda a sua vida numa empresa de advocacia, como fez Sahar? Como é que pode ser um bom líder se nunca lhe foi dada a possibilidade de liderar?

A questão do empreendedorismo é que, com esse combustível de paixão no seu depósito, irá descobrir qualidades que nunca soube existirem dentro de si. Se esteve anteriormente num trabalho aborrecido num ambiente que detestava, então isso revela a razão pela qual não estava em contacto com os aspectos positivos da sua personalidade, podendo, portanto, faltar-lhe autoconfiança.

Mas iniciar um negócio requer uma decisão mais consciente do que candidatar-se a um emprego. Não há recrutadores ou caça-talentos de grandes empresas. Uma vez que não existe uma entrevista para um emprego, tem de fazer a entrevista a si próprio. Seguem-se algumas perguntas que pode colocar a si mesmo antes de embarcar nesta viagem.

ENTREVISTE-SE: O EMPREENDEDORISMO É PARA SI?

- ◆ Está pronto para se comprometer inteiramente em concretizar a sua ideia?
- ◆ A sua vida pessoal está pronta para se comprometer com o seu negócio?
- ◆ Tem outras responsabilidades que o impeçam de se comprometer com a sua nova ideia?
- ◆ Tem suficientes recursos que o mantenham até o negócio funcionar? Parta do princípio que irá demorar mais tempo do que espera.
- ◆ Está disposto a trabalhar arduamente?
- ◆ Está pronto para retribuir um "não" quando outros lhe dizem "não"?
- ◆ Está pronto para "arregaçar as mangas" e fazer tudo sozinho – por muito básica que seja a tarefa? O empreendedorismo não tem a ver apenas com ideias.
- ◆ Tem uma paixão intensa e profunda que faça a sua ideia funcionar?

qualquer um pode ser empreendedor?

Se a resposta a estas perguntas for "sim", então tem a semente do ingrediente secreto de que precisa para se tornar um empreendedor de sucesso e criar a vida dos seus sonhos. Mostrou os primeiros sintomas de compromisso.

Regra #9
Não pode ser um empreendedor pouco entusiasmado

Não acreditamos em começar a medo no empreendedorismo. Tem de se comprometer. Sabemos que esta frase já está demasiado gasta. Convenhamos – todos falam em compromisso. Mas não ignore o compromisso só porque se tornou um cliché. É mesmo o ingrediente-chave para o sucesso.

No caminho entre a sua grande ideia e o seu negócio viável está um campo minado de receios, obstáculos, rejeições e desencorajamento. A única maneira de passar por este campo de minas e pelas barreiras que contém é com compromisso.

Se a paixão é o seu combustível, o compromisso é o seu motor. Dá-lhe força para ultrapassar as barreiras e chegar ao seu destino. Quanto mais forte a sua paixão, mais potência tem o seu motor; é isso que o guiará pelos obstáculos que se encontram à sua frente, às vezes sem mesmo se aperceber disso. Assim que estiver comprometido, pouco haverá que o impeça de conseguir atingir os seus objectivos.

> *"Até que alguém se comprometa, existe hesitação, a hipótese de recuar e haverá sempre ineficácia. No que respeita a todos os actos de iniciativa, há uma verdade elementar cuja ignorância mata inúmeras ideias e planos infinitos: no momento em que decide finalmente comprometer-se consigo próprio, a Providência intervém. Acontece todo o tipo de coisas que, de outra forma, nunca aconteceria. Toda uma torrente de acontecimentos deriva desta decisão, pondo a seu favor todo o tipo de incidentes imprevistos, encontros e apoio material que nunca teria sonhado que encontraria. O que quer que seja que você queira fazer ou sonhar, você pode. Comece. Há génio, poder e magia na ousadia."*
>
> GOETHE

O que o compromisso tem de fantástico é que desenha uma curva sempre crescente. Não espere ter um compromisso total logo à partida.

Explicaremos no Capítulo 3 como é que, à medida que começa a trabalhar para tornar a sua ideia realidade, irá sentir-se cada vez mais comprometido. Mas, nesta fase, precisa apenas do compromisso de ser um empreendedor.

Regra #10
Não se dê ao trabalho se está nisto apenas pelo dinheiro

Querer enriquecer não é uma razão suficientemente boa para iniciar um negócio. Apesar de a melhor forma de fazer uma fortuna seja iniciar o seu próprio negócio, não deve ser a única razão pela qual o quer fazer. Se o dinheiro é a sua única motivação, o seu negócio quase de certeza que falhará.

Se olhar para a maioria dos empreendedores que fizeram fortuna, esta foi o resultado de terem atingido um objectivo específico não financeiro. A declaração de intenções de Bill Gates nunca foi "ser o homem mais rico do mundo". Na realidade era "haver um computador em cada secretária e em cada casa".

O nosso pai ensinou-nos esta máxima: "Não vão atrás do dinheiro. O dinheiro virá atrás de vocês". Se tiver uma grande ideia e estiver empenhado em implementá-la, o dinheiro virá realmente atrás de si.

> *"Normalmente consigo ver a diferença entre aqueles que têm aquele fogo no estômago e aqueles que vêem as ideias principalmente como uma forma de enriquecer. Procuro empreendedores que perguntem "como é que eu posso tornar este negócio num sucesso?" e não "como é que posso fazer uma fortuna?"*
>
> ARTHUR ROCK, *Harvard Business Review*

qualquer um pode ser empreendedor?

ESQUEÇA:
O empreendedorismo definitivamente não é para si se:
- ◆ Gosta realmente da estrutura de trabalho das nove às cinco.
- ◆ Quer uma divisão clara entre a sua vida e o seu trabalho.
- ◆ Detesta responsabilidades.
- ◆ Não consegue lidar com a incerteza.
- ◆ Um "não" desmotiva-o.
- ◆ É preguiçoso e orgulha-se disso!

Vantagens e desvantagens de se ser um empreendedor:

+ Horários de trabalho flexíveis.	- É um emprego 24 horas por dia.
+ Adora o que faz.	- Ao início não é pago por isso.
+ É o seu próprio chefe.	- É responsável por outros.
+ Acabaram-se as políticas de escritório.	- É muito solitário.
+ Acabaram-se as deslocações para o trabalho.	- Terá que desempenhar todas as tarefas mundanas.
+ Pode trabalhar a partir de casa.	- A sua casa nunca mais será um lugar relaxante.
+ É divertido e compensador seguir o seu sonho.	- Vender o seu sonho é uma verdadeira luta contra a incerteza.

A NOSSA HISTÓRIA
Como chegámos até aqui

Até agora, tentámos provar que "qualquer um consegue" e que não tem de ter qualidades sobre-humanas para fazer as coisas funcionar. Ao adoptarmos esta abordagem, acreditamos que representamos um novo tipo de empreendedor que não se encaixa na imagem habitual. Nós não nascemos empreendedores. Pelo contrário, houve certas circunstâncias que se conjugaram para que nos tornássemos empreendedores. Foi assim que chegámos à nossa viagem.

Nós somos irmãos. Temos uma diferença de quatro anos, sendo Bobby o mais velho.

O empreendedorismo não estava nos nossos genes. Nós não pertencemos a uma família de empreendedores. O nosso pai era um executivo de uma grande empresa. A nossa mãe era uma mãe dedicada a tempo inteiro. Não temos qualquer tipo de relação com a venda a retalho, marcas de comida ou café de qualquer forma ou feitio. Para todos os efeitos, nós somos até o oposto do empreendedor nato que desistiu dos estudos, mas cujo génio não podia ser travado. Seguimos a escola de acordo com as convenções e, em vez de aprendermos as leis da oferta e da procura a vender coisas no recreio da escola, passávamos o tempo a brincar. Éramos assustadoramente normais.

Não éramos, de forma alguma, excepcionais. Nenhum de nós era sobre ou subdotado, quer na escola, quer nos nossos passatempos. Não sobressaímos propriamente por termos talentos fantásticos ou sermos particularmente brilhantes em algo que dependesse do uso da nossa imaginação.

Não éramos criativos. Nós éramos "horrivelmente" normais e, para lhe dar um exemplo da nossa falta de criatividade, éramos francamente maus a desenhar. Numa aula de desenho, pediram a Sahar que desenhasse o seu cão e, depois de ter visto o resultado, a professora ficou a pensar se ela não teria um *Tyrannosaurus Rex* em casa!

Não demonstrámos qualquer apetência para o negócio na infância. Não ganhámos um único cêntimo de formas maquiavélicas. O pensamento de vender doces ou minhocas nunca nos passou pela cabeça. A única aventura comercial de Sahar foi vender árvores de Natal porta a porta para caridade. A primeira vez que algum de nós fez algum dinheiro foi na universidade durante os estágios de Verão: Sahar numa empresa de advogados, Bobby num banco de investimento.

Não só não fomos criados para sermos empreendedores, como fomos ensinados a estudar "coisas úteis" e a ambicionar a uma profissão segura. Assim, Bobby estudou Engenharia Informática e Sahar estudou Direito.

Se tivemos alguma formação para o empreendedorismo na nossa educação, foi quando nos ensinaram o valor da disciplina e do trabalho árduo. Foi-nos ensinado que a chave para o sucesso não tinha a ver com inspiração mas, em vez disso, que "é tudo uma questão de transpiração". O esforço que coloca em algo determina o resultado que consegue. A máxima dos nossos pais era "não tem a ver com ser o melhor, mas com dar o vosso melhor". Acreditavam que se alguém se concentrasse, trabalhasse muito e persistisse, conseguiria atingir o que quisesse. Esta foi a lição mais importante que eles alguma vez nos ensinaram.

Outra vantagem da nossa casa é que nos ensinaram o valor de ter sonhos. São as sementes da vida. Aos 12 anos, Sahar já sabia que queria ser advogada e Bobby queria trabalhar na banca de investimento.

Passemos rapidamente para a idade adulta...

NOVA IORQUE, 1993

Bobby estava a trabalhar no Lehman Brothers Investment Banking, em Nova Iorque, no departamento de Fusões & Aquisições. Ele sempre quis ser consultor na banca de investimento de Wall Street, a trabalhar exactamente no tipo de local onde estava e a viver exactamente o tipo de vida que vivia. O nosso pai convenceu Bobby a estudar Engenharia Informática na universidade, porque acreditava que era a profissão do futuro e, verdade seja dita, ele odiou cada minuto! Mas nem por um momento pensou em desistir do curso. Assim, quando acabou a licenciatura, Bobby não queria ter mais nada a ver com esta área e preferiu voltar ao seu objectivo de ingressar o mundo das finanças e dos negócios.

Começou a tentar o mercado de acções no Verão em que se licenciou e, com alguns palpites de sorte, rapidamente concretizou bons investimentos. Foi então gabar-se ao nosso pai de que havia uma maneira mais rápida de fazer dinheiro do que a trabalhar intensivamente num escritório. Para lhe dar uma lição, o nosso pai deu-lhe dez mil libras e desafiou-o a aumentar dez vezes mais essa soma até ao final do Verão. Passados dez dias, Bobby tinha conseguido perder tudo. Foi uma lição de humildade e sobre a realidade que ele hoje considera como a mais valiosa que alguma vez aprendeu – não existe dinheiro fácil; tem de se ganhá-lo.

Entretanto tinha descoberto realmente a sua verdadeira paixão, quando fez o MBA na Tuck Business School em Darmouth, em New Hampshire. Foram dois anos estimulantes de estudo intensivo e de actividades desportivas ao ar livre no campo de Vermont e, depois disso, juntou-se ao Lehman Brothers. O estilo de vida de Bobby era típico dos anos 80 em Nova Iorque, sendo mais frequente passar uma noite a trabalhar do que a ter uma boa noite de sono. O seu recorde de resistência foi trabalhar num negócio das sete da manhã de uma quinta-feira até à segunda-feira seguinte, com duas viagens de avião de longo curso pelo meio!

Sahar foi visitá-lo num fim-de-semana a Nova Iorque, mas nem sequer o viu, pois ele passou os dois dias inteiros sem sair do escritório, excepto para vir uma vez a casa, às três da manhã, mudar de camisa – era realmente assim tão exigente. A consultora da banca de investimento incrivelmente disciplinada representada por Sigourney Weaver no filme *Uma mulher de sucesso** foi baseada na chefe de Bobby.

Mesmo assim, estes foram também os dias áureos da banca de investimento. Foi a era da *Fogueira das Vaidades*. Era a época das despesas por conta da empresa e da indulgência descarada.

Todos os amigos de Bobby trabalhavam na banca de investimento. Dentro do seu casulo, esta sua vida acelerada parecia normal e estimulante, excepto um pequeno desconforto sentido na altura de receber o bónus que normalmente era aliviado com de um cheque de seis dígitos que fazia esquecer todas as noitadas e as substituía temporariamente por novos sonhos de riquezas incalculáveis. Parece extremo, mas a vida de Bobby era típica do seu meio.

Bobby e os amigos costumavam sentar-se muitas vezes nas salas de reuniões de Nova Iorque a sonhar com o dia em que iam criar as suas próprias empresas. Todos tinham muitas ideias que traziam no seu coração desde a escola de ciências empresariais; afinal de contas, a maior parte deles já tinha lido quase todas as biografias de negócios alguma vez escritas e todos tinham passado a vida em formação para serem empreendedores.

A única questão na mente de Bobby e dos seus amigos era quando isso iria acontecer. A resposta era sempre "hoje não", uma vez que os seus sonhos eram constantemente interrompidos pelas exigências dos importantes negócios que

---

***N. T.** No original, *Working Girl*.

tinham em mãos. Quer seja um consultor de sucesso na banca de investimento ou esteja num emprego "das nove às cinco" que lhe dá pouco prazer, o problema inicial do empreendedorismo é o mesmo: é capaz de encontrar a coragem para deixar o conforto de uma vida de trabalho segura e começar de novo por si próprio, com todos os riscos que isso acarreta?

A menos que tivessem cem por cento – ou mesmo 105 por cento – de certeza de que iria funcionar, Bobby e os amigos nunca estavam preparados para dar esse passo.

LONDRES, 1993

Na mesma altura em que Bobby estava a trabalhar em Nova Iorque, Sahar era advogada na prestigiada empresa de advogados de Frere Cholmeley, em Lincoln's Inn Fields, Londres. Sahar sonhava trabalhar lá desde uma apresentação que tinham feito na Universidade de Bristol. Em vez dos advogados de ar carregado que as outras empresas enviavam para recrutar universitários, Frere Cholmeley enviou um conjunto de advogados mais impressionante do que aquele que mesmo os produtores de *Ally McBeal* seriam capazes de reunir. A empresa representava quase todos os líderes da indústria do entretenimento e tinha escritórios em Paris e no Mónaco (ao contrário dos sítios aborrecidos onde as empresas de advocacia normalmente têm os seus escritórios). Para mais, pareciam saber como desfrutar da vida, bem como do trabalho. Para Sahar, a escolha foi instintiva.

O que Sahar gosta de esquecer de vez em quando é que Frere Cholmeley a recusou três vezes (ela concorreu duas vezes para lugares de Verão, no primeiro e no segundo ano). Mas não desistiu. Reduziu a vida de festas universitárias no seu terceiro ano (bem vistas as coisas, era o que fazia há dois anos seguidos) e aplicou-se nos estudos, conseguindo finalmente ter as notas exigidas. Voltou a concorrer e conseguiu a oferta de trabalho que queria; o seu sonho tinha-se tornado realidade!

No primeiro ano que entrou para a empresa, Frere Cholmeley correspondeu totalmente às expectativas de Sahar. Os novos colegas trabalhavam no duro e divertiam-se ainda mais intensamente. O seu rígido regime de trabalho árduo durante o último ano em Bristol e o seu ano esgotante na preparação para os exames da Ordem em Chancery Lane valeram a pena. Da mesma maneira que Bobby trabalhara nos dias áureos da banca de investimento, também a passagem de Sahar pelos corredores da advocacia coincidiu com um "período dourado" de grandes negócios e a imparável ascensão da mulher advogada cheia de *glamour*. As saias eram muito curtas, os saltos muito altos e os enchumaços nos ombros deitariam abaixo um jogador de futebol americano. As colegas eram modelos de conduta inspiradores e ela pensou que tinha encontrado a verdadeira felicidade profissional.

Ficou ainda melhor quando foi para Paris por seis meses e se instalou na grandiosidade dos enormes apartamentos da empresa em Marais e trabalhou nos escritórios em edifícios palacianos em Trocadero, com vista para a Torre Eiffel.

Os primeiros dois anos depois da Faculdade de Direito são designados por "estágio", um período de formação prática no qual o advogado principiante se torna um advogado totalmente acreditado. Nesta fase, é exigido que o estagiário trabalhe seis meses em cada departamento da empresa. Tendo regressado da sua estadia em Paris, Sahar foi destacada para o departamento de contencioso, onde as coisas se tornaram ainda melhores.

Foi colocada no caso de Arthur Scargill. Para quem não esteja familiarizado com ele, era o chefe do Sindicato dos Mineiros que quase derrubou o governo de Margaret Thatcher durante a tristemente célebre Greve dos Mineiros nos anos de 1980. Para abreviar uma longa história, num soalheiro dia de Julho de 1989 Sahar apareceu em todos os ecrãs de televisão nacional e nos jornais diários como a glamorosa advogada de mini-saia que entregou uma notificação ao importante socialista em pessoa. Teve os seus 15 minutos de fama jurídica ainda antes de acabar os seus anos de estágio!

Depois de se ter tornado uma advogada qualificada, tudo começou a mudar. Frere Cholmeley ofereceu-lhe um lugar muito cobiçado num prestigiado grupo de entretenimento onde Sahar descobriu que, para além do nome do grupo, não havia muito entretenimento. Ser advogada era muito diferente de ser advogada estagiária.

Como estagiária, entrava e saía de departamentos e secções – uma existência acelerada, grande em entusiasmo e pequena em rotina. Se não gostasse das coisas, sabia que rapidamente seria transferida para outro lugar. Fazia boa figura nas reuniões, à sombra da importância do advogado sénior para quem estagiava nessa semana. Enquanto advogada estagiária, sentia-se como se fosse a melhor advogada que a Grã-Bretanha alguma vez tinha produzido; absorvia as competências dos advogados à sua volta quase por osmose. Em resumo, tem-se uma carga de trabalho fácil de gerir, sem pressões, muitas recompensas e ainda mais divertimento.

Tudo isto muda quando se é acreditado como advogado. A música pára e descobre-se que se está permanentemente sentado numa cadeira atrás de uma secretária. É tempo de retribuir toda a glória desfrutada como estagiário. As reuniões, o divertimento e o *glamour* têm um final abrupto. Sahar passava o tempo a redigir documentos – e quanto maior o documento, melhor para a empresa. Agora, ela jura que não conheceu ninguém nem chegou a sair do escritório nos primeiros quatro meses do seu trabalho definitivo. Foi aprisionada numa sala tendo como companhia apenas a caixa de correio interna; os documentos que ela devia processar eram passados por baixo da porta e tinham de ser devolvidos incluindo a contribuição de Sahar.

"Não, não, NÃO", gritava ela para si própria. Rapidamente decidiu que isto não era vida para ela. Visitava os escritórios dos seus pares e lamentava a natureza pouco imaginativa do trabalho e ficava nostálgica em relação aos bons velhos tempos. Procurava amigos da universidade que tivessem encontrado a sua verdadeira vocação fora do Direito. Mas descobriu que todos adoravam os complexos meandros do mundo legal. Estava sozinha no seu mal-estar.

Um dia, do fundo do seu desespero e ocupada com um complexo acordo negocial, uma luz fez-se na sua cabeça. Tinha descoberto uma saída. Tendo visto no escritório um grupo de glamorosos advogados norte-americanos da prestigiada empresa de advocacia nova-iorquina Skadden Arps e tendo sabido que um dos advogados seniores estava a regressar do seu destacamento lá, Sahar abordou o sócio em questão com a solução para a sua busca de felicidade na advocacia.

Apesar de reconhecer que estava consciente de que os advogados não eram elegíveis para o lugar em Nova Iorque até completarem o quarto ano, ela estava pronta para ir imediatamente. Foi posta fora do escritório do sócio ainda mais depressa do que tinha entrado, com o resultado de que, durante os meses seguintes, mal conseguia pronunciar as palavras "Nova Iorque".

Assim, a desilusão da normalmente entusiasta Sahar tornou-se numa bola que crescia à medida que os dias iam passando. A sua intuição dizia-lhe que não era feliz como advogada – mas não queria dar ouvidos à sua voz interior negativa, principalmente depois de tanto trabalho. Como é que ela podia não ser advogada, quando era uma ambição tão antiga para a qual tinha estudado durante toda a sua vida?

De repente tudo mudou...

Num momento, os nossos mundos foram virados do avesso. Um momento de viragem.

Na noite de 23 de Janeiro de 1993, a nossa unida família de quatro pessoas foi abalada pela morte repentina do nosso pai, aos 62 anos de idade, devido a um enfarte.

Ainda naquele dia, Bobby tinha tido a partir de Nova Iorque uma conversa maravilhosa ao telefone com o seu pai que estava em Londres e que, como sempre, estava em grande forma e começava a habituar-se à sua nova vida de reformado.

À meia-noite, Sahar fez de um hospital de Londres aquele telefonema terrível a Bobby, a explicar que o pai tinha falecido em paz e Bobby ainda conseguiu apanhar o último voo da British Airways saído de Nova Iorque. Depois disso, nunca mais voltou a Nova Iorque.

A morte repentina do nosso pai foi uma mudança de cenário para ambos. Era o tipo de acontecimento que abalava qualquer pressuposto ou plano que alguma vez tivéssemos feito – o tipo de choque que faz pôr novas lentes e ver o mundo sob uma luz totalmente diferente, onde nada do que aconteceu antes tem qualquer importância. A perda de um dos pais arranca-nos da zona de segurança, tornando muito mais fácil levar a cabo quaisquer outras mudanças antes consideradas como drásticas.

Para Bobby, a rotina dos bancos de investimento deixou de fazer sentido. Embora o seu horário de trabalho sobrecarregado não lhe tenha dado tempo para pensar na vida que queria, ele percebeu que precisava de estar mais próximo da mãe e da irmã e que, se continuasse no Lehman, o seu horário de trabalho nunca o permitiria. No Lehman Brothers compreenderam a situação e, o que prova serem excelentes empregadores, concederam-lhe uma licença de seis meses, seguida de uma transferência para Londres.

qualquer um pode ser empreendedor?

Sahar ficou mais um ano na sua empresa de advocacia, mas percebeu que ser advogada não a iria fazer feliz. No início, pensou que a solução para o seu dilema de carreira seria trabalhar em advocacia a partir de casa para uma empresa maior: "Quero ficar próxima dos frutos do meu trabalho", costumava repetir nas entrevistas, para explicar por que é que queria trabalhar em casa, juntamente com "Quero que a minha vida e o meu trabalho se misturem". Sahar identificava ser-se advogada com a seguinte imagem: o cliente é o anfitrião que recebe os convidados, escolhe o menu e entretém, enquanto o advogado está na cozinha, a cortar cenouras e a lavar pratos, mas nunca chega a sentar-se à mesa.

Ela pensava que ser advogada em casa iria resolver este problema, porque sentiria realmente que estaria mais envolvida e seria convidada para a "festa". Mas, apesar de ter sido entrevistada por várias empresas, nunca recebeu uma oferta de emprego. Agora, claro, ela percebe porquê: os advogados que trabalham em casa devem ser ponderados, moderados, cautelosos e muito prudentes. Ela não era nenhuma dessas coisas e, para piorar, falava e pensava a uma velocidade estonteante. Ela estava a candidatar-se, em suma, para um trabalho que não se adequava, de maneira alguma, à sua personalidade.

> *"Perdemos a costa de vista para descobrirmos um novo oceano."*

Em Janeiro de 1994, Sahar decidiu dar a si própria um merecido descanso e concretizar a velha ideia de ter o ano de férias de que abdicara depois da licenciatura e ir para a Argentina aprender espanhol. Este período acabou por durar quatro meses. Tendo tido uma pausa altamente refrescante nas Pampas, a percorrer os Andes a cavalo e a aprender uma quantidade razoável de espanhol, sentiu estar reprogramada, com as baterias recarregadas e pronta a voltar para Londres.

No final de 1994, aquilo que ambos não tínhamos percebido era que, inconscientemente, tínhamos feito o grande corte com as nossas zonas de conforto.

Tínhamos cortado o cordão umbilical. Apesar de termos passado 1993 um pouco atordoados com muitas emoções confusas, interrogações e altos e baixos, no final de 1994 estávamos plenamente recuperados. Tínhamos feito as mudanças nas nossas perspectivas pessoais que precisavam de ser feitas. Mudanças que, se não fosse a morte do nosso pai, provavelmente nunca teríamos alcançado.

A nossa pausa também nos deu tempo para clarificarmos o que queríamos da nossa vida e das nossas carreiras. Mal sabíamos então que, por termos deixado a nossa zona de conforto e pensado realmente sobre os nossos objectivos profissionais e pessoais, tínhamos dado o primeiro passo no caminho para o empreendedorismo. A verdade é que não pensámos, nem por um momento, que iríamos acabar por trabalhar juntos, quanto mais criar um negócio juntos. Mas não é necessário sentir uma crise que altera a vida para inspirar as mudanças que precisa de fazer. Se está descontente com o seu *statu quo*, pode escolher sair da sua zona de conforto a qualquer momento. A chave está em ser pró-activo - não dependa exclusivamente da capacidade do lado esquerdo do seu cérebro, que é o lado racional lógico. Precisa de explorar a capacidade do lado direito, onde estão a criatividade e a intuição, para ser capaz de visualizar o que quer fazer e ser na vida.

> *"Nunca descobri nada com o meu raciocínio racional."*
> ALBERT EINSTEIN

2 o capítulo da ideia

**TEM UMA IDEIA LUMINOSA,
OU PRECISA DE ENCONTRAR UMA?**

Se decidiu que a vida de empreendedor é para si, pode agora passar à fase seguinte. Mas lembre-se de que ter um "bichinho" para começar o seu próprio negócio não é suficiente para garantir o seu sucesso futuro. Antes do mais, precisa de perceber o que vai fazer. Qual é exactamente o negócio que quer criar?

De certa forma, irá enfrentar o que parece ser um pouco como o dilema do ovo e da galinha. Aparece primeiro a ideia, seguida do negócio? Ou pode resolver fazer as coisas ao contrário: decidir começar a trabalhar por si próprio e depois descobrir qual o negócio que lhe dá a melhor oportunidade de sucesso? Será a própria "ideia luminosa" a motivá-lo, ou será simplesmente o seu desejo ardente de se tornar num empreendedor.

Felizmente, o empreendedorismo pode iniciar-se seguindo qualquer um dos caminhos.

A nossa definição de "ideia luminosa" (a ideia necessária no centro do seu negócio) é esta: uma ideia que preenche uma falta no mercado e que acredita apaixonadamente que é capaz de pôr em prática com sucesso. Não há nada de complicado nisto. Só precisa de encontrar algo pelo qual se sinta tão apaixonado que faça despoletar o empreendedor que tem em si!

Seja como for, quer tenha já uma ideia ou tenha decidido encontrar uma, aqui estão as regras que nós aprendemos que definem boas ideias e que pensamos que fará bem em seguir.

Regra #11
A sua ideia não precisa de ser nova, original ou revolucionária

Pensa que para se tornar um empreendedor de sucesso tem de ser revolucionariamente original? Se assim for, está enganado. Isto são boas notícias, porque a probabilidade de que tenha uma ideia que seja totalmente nova e completamente funcional não é muito elevada. De facto, é quase zero, a menos que seja o Thomas Edison, mas voltaremos a isso mais tarde.

A maioria dos empreendedores começou os seus negócios a copiar ou a modificar ligeiramente a ideia de outro - ser o primeiro nem sempre é o melhor, um facto conhecido como "a desvantagem do primeiro jogador". Vender um produto inteiramente novo será, na maior parte dos casos, uma luta contra a corrente, porque tem de estabelecer o conceito a partir do zero e educar o mercado, em vez de se limitar a capitalizar uma procura já existente e comprovada. Acredite em nós quando lhe dizemos que não há nada mais dispendioso do que educar um mercado.

Claro que isto não quer dizer que possa oferecer algo idêntico ao que já é oferecido por outro negócio. A chave é a oportunidade que vê na sua ideia e a determinação que tem para a fazer trabalhar melhor ou mais barato ou de maneira diferente de todos os que já o estão a fazer. A sua ideia tem de ter um PVU, ou seja um ponto de venda único que a distinga no mercado.

Regra #12
Lembre-se que os empreendedores são diferentes dos inventores
Nunca se esqueça que não é um inventor, mas sim um empreendedor. Como empreendedor, não precisa de inventar uma ideia. Os empreendedores fazem negócios a partir de ideias que, na maior parte dos casos, já existem. Os inventores são génios criativos que descobrem coisas novas.

Há poucos inventores que se tenham tornado empreendedores; a mais conhecida excepção à regra é James Dyson: ele é tanto o inventor como o empreendedor por detrás do seu produto. Na sua maioria, os empreendedores apenas exploram o capital das ideias trazidas pelos inventores.

Regra #13
Seja o seu primeiro cliente
Enquanto ainda está na fase da "ideia luminosa", não se esqueça de se assegurar que aborda a sua ideia de negócio da perspectiva do cliente e não como o "vendedor". Não pense em si e nos seus clientes como "nós" e "eles".

É fácil e tentador cair nesse erro, mas não é produtivo ter uma divisão na sua cabeça, entre si como o vendedor e "eles" como clientes, quando está a conceber o seu negócio.

Se não se consegue convencer a comprar o seu produto e ainda não encontrou um primeiro cliente noutro lado, então não se dê ao trabalho de continuar.

Independentemente do montante que investir na sua ideia através de *marketing* e publicidade, não irá vender. Nesse caso, o cliente não está lá fora. Os clientes não são um conjunto de pessoas que pode enganar ou coagir a comprar o seu produto. Você é o próprio cliente.

A sua vida será muito mais fácil se seguir esta linha de pensamento e, ao mesmo tempo, irá poupar milhares de euros (que, de qualquer forma, será pouco provável que tenha disponíveis no início) em inquéritos ao consumidor. A regra é que, se você próprio compraria o seu produto, e consegue encontrar mais 20 pessoas que o fizessem, então ele irá vender.

Regra #14
Não aborde a sua ideia a pensar no dinheiro. O dinheiro não lhe dará uma ideia "luminosa"!

A pergunta a NÃO fazer na fase da "ideia luminosa" é "como é que posso fazer dinheiro?" Irá debater a questão sobre se a sua ideia será lucrativa na próxima fase do processo de criação de um negócio. Por enquanto, no início, deve encarar o lucro como a sobremesa no final da refeição e não deixar o seu desejo por riquezas sem fim atrapalhar a sua criatividade. As boas ideias produzem dinheiro, mas não tem de correr atrás dele. Deixe o dinheiro correr atrás de si.

Se abordar a sua ideia tendo como objectivo a riqueza no futuro (e, se o fizesse, não seria o primeiro), então não é um empreendedor. Pelo contrário, é um "pendura". E nós encontrámos bastantes "penduras" no nosso negócio. É uma armadilha na qual muitos empreendedores emergentes já caíram, à sua própria custa.

O problema em andar "à pendura" é que não se acredita no que está por detrás do negócio. Negócios deste género não foram criados com o desejo ardente de fazer uma coisa melhor do que já existia, ou de preencher uma lacuna no mercado. Foram criados apenas para experimentar e para "surfar uma onda passageira". A ideia de ser o próximo negócio de sucesso (e era exactamente isso que muitos queriam ser) era mais entusiasmante do que a venda dos produtos. Muitos deles não chegaram a durar um ano. Não foram construídos com base na paixão, mas sim na ganância.

A queda das *dot.com* é um bom exemplo deste tipo de "penduras". Muitas das ideias *dot.com* baseavam-se exclusivamente na perspectiva do lucro. Os empreendedores da Internet viram-na como um meio excelente para conseguir lucros rápidos e não tanto como uma oportunidade genuína para ir ao encontro de uma necessidade do mercado. Consequentemente, abordaram a questão do ângulo errado. Os únicos negócios que sobrevivem na Internet são os do género da Amazon, que foram fundados com paixão genuína por uma oportunidade de mercado, neste caso a venda de livros.

Regra #15
Tenha a certeza de que a sua ideia de negócio tem a ver consigo
Quando está a ter uma ideia, o primeiro julgamento que ela enfrenta é o seu. Leve a sua própria opinião a sério! O negócio tem de se adequar à sua personalidade, porque, especialmente no início, é mesmo uma extensão de si próprio. Por isso, se não é uma pessoa sociável, não vá para um negócio de serviços e, se detesta estar preso a uma secretária, não crie um negócio que o irá "acorrentar" a um escritório.

Se ainda não tem uma "ideia luminosa" e quer iniciar um negócio, deve continuar a procurar até que a ideia apareça. Basta continuar a pensar naquilo que gosta de fazer e usar a sua imaginação criativa. Qualquer coisa lhe pode dar uma ideia: trabalhar, fazer compras, viajar, ler ou conversar com amigos. Também é útil fazer uma sessão de *brainstorming* para o ajudar ao longo do caminho.

SESSÃO DE BRAINSTORMING

Aqui ficam algumas ideias para o ajudar a preparar-se para uma sessão produtiva de *brainstorming*. Não fique demasiado preocupado quando estiver a tentar encontrar uma boa ideia para um negócio ou isso irá toldar a sua criatividade. É importante que tenha a trabalhar o lado direito do seu cérebro (intuitivo e criativo, como oposto ao lado lógico) se quer encontrar uma boa ideia. Assim:

- Reúna quatro ou cinco amigos com diferentes *backgrounds* e interesses.
- Torne o ambiente acolhedor e confortável. Ponha música a tocar.
- Faça circular os seus fluidos criativos e não esteja num estado de espírito de trabalho.
- Não descarte nenhuma ideia, por muito ridícula que pareça. Divirta-se!

COMO TER UMA "IDEIA LUMINOSA"

- **O que é que adora na vida?**
  O que é que lhe interessa?
  Que passatempos tem?
  O que gosta de fazer?
  Qual é a parte favorita do seu dia?

- **Há algo familiar que consiga melhorar?**
  Viu alguma coisa no estrangeiro que faria a diferença no seu trabalho e na sua vida?
  Pensou nalguma maneira melhor de entregar/produzir alguma coisa que lhe interessa e que já existe?

o capítulo da ideia

◆ **Existe uma lacuna óbvia no mercado?**
Há alguma coisa que você adore e não consiga encontrar?
Há algum produto/serviço que faria uma grande diferença na sua vida?

◆ **Tem alguma competência ou conhecimento que possa capitalizar?**
Há algum produto/serviço em particular sobre o qual tenha bastante conhecimento?
Sabe de uma maneira diferente de oferecer alguma coisa?
Tem alguma capacidade que adoraria aproveitar melhor?

O que não deve perguntar a si próprio nesta fase:
◆ Como é que posso fazer dinheiro rapidamente?

Como os empreendedores encontram as suas ideias

Aqui estão alguns exemplos de várias inspirações que estiveram por detrás de negócios emergentes:

- O fundador deixou as compras de Natal para a última hora e não conseguiu encontrar as últimas engenhocas que queria.

    Ideia resultante: **Gadget Shop**

- O fundador descobriu uma oportunidade de mercado para vender telemóveis directamente aos consumidores.

    Ideia resultante: **Carphone Warehouse**

- A mulher do fundador chorou depois de o oculista lhe ter dito que tinha de esperar sete dias pelos óculos novos.

    Ideia resultante: **Vision Express**

- O fundador tinha uma paixão por criar aromas e loções.

    O nome: **Jo Malone**

Como pode ver, cada um destes negócios tem a sua origem numa circunstância. As ideias não foram concebidas deliberadamente, mas "caíram no colo" dos fundadores porque eles estavam atentos à oportunidade. Estes empreendedores deixaram a ideia vir ter com eles.

A NOSSA HISTÓRIA
Como surgiu a nossa ideia

4 DE NOVEMBRO DE 1994

Para recapitular onde estávamos quando deixámos a nossa história no capítulo anterior, Sahar tinha deixado a sua empresa de advocacia, voltou das suas viagens e procurou sem sucesso um trabalho em casa para o qual, provavelmente, não teria perfil.

Bobby tinha decidido não voltar para o Lehman quando o seu período sabático terminasse e estava a considerar hipóteses para criar um negócio por conta própria.

Portanto, estávamos os dois à deriva no meio de um vasto oceano, nenhum tinha um rumo especial e não havia terra à vista. No fundo das nossas mentes, o alarme estava a começar a soar. Afinal, o que é que íamos fazer?

A noite da nossa "ideia luminosa"

Na noite de 4 de Novembro de 1994, Sahar estava a sentir-se absolutamente deprimida pela sua incapacidade para encontrar o trabalho que queria, por isso foi a um seminário nocturno no Café Royale, organizado por uma empresa de *headhunters* jurídicos. Conhece este tipo de eventos e o quanto é preciso estar-se desesperado para estar presente! Todos se vestiam com a sua melhor roupa de trabalho, determinados tanto a sobressair como a não fazer parte da multidão, e tentando obsessivamente dizer o que seria correcto. E todos lutavam pelo mesmo lugar, embora muitos sem terem a certeza por que o faziam.

Se, antes disso, Sahar se sentia desesperada, no fim do seminário sentia-se ainda pior. Descobriu que, depois das suas viagens para ver outros mundos, ainda se encaixava menos no ambiente empresarial. Ao olhar à sua volta, não sentiu que estava a ver o futuro que realmente queria.

Bobby tinha ficado de ir buscá-la depois do seminário com a nossa mãe, para uma refeição tailandesa em Boosabong, mesmo ao lado da King's Road. Sahar entrou no carro a sentir-se totalmente desfeita, mas, assim que fechou a porta, conseguiu sentir uma poderosa energia positiva vinda de Bobby. Bobby estava radiante com uma ideia de negócio. Ou, no sentido *Zen*, a Ideia tinha-se apoderado dele. Estava totalmente embrenhado no processo de desenvolver uma Ideia na sua cabeça, apesar de Sahar nem sequer saber qual era.

No seu regresso da Argentina, Sahar tinha feito uma paragem de duas semanas em Nova Iorque e, sendo madrugadora, tinha-se habituado a ir a um café chamado New World Coffee no cruzamento da Madison com a Rua 44. Aqui teve contacto pela primeira vez com um café especializado e com os seus *cappuccinos* magros (uma verdadeira novidade nesse tempo) e *muffins* de cenoura sem calorias (também igualmente desconhecidos); e tudo o que experimentou parecia-lhe um paraíso luxuoso no meio da azáfama da luta diária.

Quando Sahar regressou de Nova Iorque, não parava de falar a Bobby do quanto tinha ficado apaixonada por estes incríveis cafés em Nova Iorque e que já sentia falta deles e desejava que houvesse o mesmo em Londres. Ela estava a falar, claro, apenas como consumidora.

Enquanto Sahar falava entusiasticamente sobre o assunto, Bobby lembrou-se que um ex-colega tinha, a certa altura, colocado na sua secretária no Lehman um prospecto de uma cadeia de cafés norte-americana que acabara de aparecer, chamando a sua atenção para o enorme *boom* de consumo de café que estava a fazer moda nos Estados Unidos.

o capítulo da ideia

Depois, com estes pensamentos alojados no seu subconsciente, tinha ido naquele mesmo dia a várias reuniões e ficado chocado ao perceber que não havia um sítio em Londres onde se conseguisse beber um café minimamente decente. Bobby não conseguia evitar lembrar-se do que Sahar tinha dito. Ela tinha razão.

Então Bobby teve a Ideia. Fez-se luz na sua cabeça e o primeiro passo no caminho para o empreendedorismo foi dado quase inconscientemente. Estava decidido a que ele e Sahar criassem em Londres uma cadeia de cafés ao estilo norte-americano.

Sahar protestou veementemente quanto a qualquer envolvimento da sua parte: "Por que é que estás a discutir negócios comigo", perguntava ela, "quando sabes que não tenho interesse algum nisso? Eu só gostei destes cafés como cliente". De repente começou a sentir-se incrivelmente ansiosa e insegura perante a hipótese de desistir da sua experiência e qualificação como advogada, conseguida arduamente, para entrar no mundo dos cafés.

Bobby, contudo, conseguiu convencê-la que iria contratá-la para fazer o estudo da sua ideia durante apenas uma semana, e acrescentou que seria dela a decisão de avançar ou não. Sahar, pesando o argumento de ter outra semana desmoralizante em entrevistas de emprego contra ter dinheiro para comprar um casaco Prada, e mostrando ter um sentido apurado para a motivação certa, aceitou a proposta de Bobby.

Na manhã seguinte, foi à estação de metro de High Street Kensington, comprou um bilhete para um dia inteiro e percorreu a linha de metro londrina "Circle Line", saindo em cada uma das 27 paragens. Percorreu um raio de dois quarteirões em redor de cada saída do metro para verificar qual a oferta que encontraria um passageiro à procura de uma chávena de café.

Em poucos dias, Sahar adorou o que viu. Havia obviamente uma grande procura por café, apesar de o produto em si ser horrível. Filas para café nas lojas que vendem sandes, filas para café nas lojas de *fast food*, filas para café nos quiosques. E quando conseguia ter as mãos numa chávena, o produto servido era essencialmente uma mistela castanha num copo sujo de plástico, coberto por uma tampa que não encaixava bem (o que, felizmente, é para a maioria de nós uma memória distante).

Sahar lembrou-se do quanto era importante o seu *cappuccino* pela manhã quando trabalhava como advogada. Ocorreu-lhe que o motivo para o café ser tão mau talvez fosse porque todos os estabelecimentos que tinha visitado estavam concentrados essencialmente noutros produtos. Aquelas lojas que vendem sandes estavam, de facto, no negócio de fazer sandes de ovo e maionese, o café era uma coisa à parte.

Apesar disso, era óbvio que o café se vendia em grandes quantidades.

Sahar nem conseguia acreditar no quanto se sentia certa naquele dia e compreendeu que havia uma enorme lacuna no mercado relativamente a uma experiência de café de elevada qualidade, onde o enfoque principal estivesse na qualidade da bebida de café e não noutro produto.

A "ideia luminosa" também se acendeu para Sahar. Faltava em Londres uma experiência de café ao estilo nova-iorquino e nós poderíamos melhorar significativamente a qualidade do consumo de café em Londres se o fizéssemos. Relativamente à ideia de Bobby, era mais ou menos isto. Sahar tinha alinhado no projecto e foi nesse minuto que nasceu a Coffee Republic.

o capítulo da ideia

FAX: 22H00, 5 DE NOVEMBRO DE 1994

Bobby,

Eu NÃO consigo acreditar no que vi hoje na minha viagem no metro. Tinha-me realmente esquecido desde os meus tempos de advogada do quanto é deprimente a oferta de *take-away*. Londres precisa desesperadamente dos cafés *espresso* ao estilo de Nova Iorque!

É assim que resumo a situação actual:

- Sais da estação de metro no teu caminho para o escritório. Como é habitual em Londres que nós conhecemos e adoramos, está uma manhã fria e cinzenta. Estás gelado até aos ossos e meio a dormir. Mal consegues encarar o dia pela frente. Precisas daquela chávena de café.

- Não há escolha, entras invariavelmente na típica loja que vende sandes local, básica e sem decoração. Este é o nirvana, se a tua ideia de calma e relaxamento combina uma boa dose de fórmica, muito linóleo, algumas nódoas residuais de gordura e salpicos de sujidade.

- Esperas em longas filas e observas os empregados a fazerem o seu trabalho. Que, a propósito, é fazer sandes!

- Enquanto esperas, olhas para uma montra que nem mesmo um artista moderno vanguardista conseguiria imaginar. Filas e filas de recipientes de plástico cheios de maionese de caranguejo congelado, maionese de atum congelado, maionese de ovo congelado e fatias cinzentas do que foi em tempos (há muito, muito tempo) carne assada, do tipo que

qualquer um consegue

já viu melhores dias nos anos 80. Nenhum dos recipientes foi sequer substituído do dia anterior, para esconder as crostas gelatinosas que se formaram à superfície. Não é uma visão agradável às 8 da manhã.

- Quem faz a sandes recolhe o teu dinheiro com as mãos nuas (revela a higiene, ou a falta dela!) e faz-te ao lado um *cappuccino* rápido. Não consegues decidir se estás mais preocupado por não ter lavado as mãos porque pode ter estado na casa de banho, ou porque esteve a mexer na comida que já descrevi! Pensas que podes apanhar alguma coisa das duas maneiras!

- Tens a tua bebida quente (que estou relutante em chamar de café) num copo de plástico que fica mole na tua mão. Quanto à tampa, bem, é um disco de plástico com um pequeno buraco horrível no meio que fica tal e qual os sapatos que são dois tamanhos abaixo, o que significa que, se quiseres andar com o teu café, queimar as mãos faz parte da experiência.

- Resumindo, o café da manhã em Londres não tem grande divertimento, a menos que gostes de te sentir incomodado, sujo e desmoralizado. À hora que chegas ao trabalho, já estás a detestar o dia.

Isto é o que o nosso novo estilo de café irá oferecer:

- Sais da mesma estação de metro claustrofóbica.

- Mas entras num sítio criado com requinte e concebido para aumentar a tua experiência de café – um ambiente confortável, simpático, capaz de receber muita gente, mas que é convidativo e acolhedor ao mesmo tempo.

o capítulo da ideia

- Apesar de estares na fila, podes ouvir música suave e relaxante e, enquanto esperas, observas uma deliciosa variedade de tentadores acompanhamentos para o café.

- És servido por empregados fardados e altamente especializados, que fazem o café a teu pedido e de acordo com os teus desejos individuais com quatro tipos de leite, forte, descafeinado, semi-descafeinado, gelado, etc.

- Levas o teu café num copo robusto, especialmente concebido com uma tampa em cúpula que não rouba espuma ao teu *cappuccino*. E, para terminar, ainda tens quatro escolhas para coberturas.

Quem é que não quereria isto? De certeza que toda a gente iria adorar? Nos EUA, eles pegaram em produtos básicos e tornaram-nos em puro luxo – e não apenas um luxo qualquer – um luxo que faz parte do nosso trajecto diário. Felicidade, por outras palavras, no momento mais "stressante" do teu dia.

Pensando em possíveis *slogans*:
    Uma pausa nos afazeres do dia-a-dia.
    É como fazer um *upgrade* ao seu dia.
    Um luxo acessível.
    Mime-se.

É tudo tão entusiasmante: Parece tão certo!

Sahar

Agora já lhe contámos a nossa história. Pode ver que a nossa ideia:

- Não era nova ou original ou revolucionária;
- Nós fomos os nossos primeiros clientes;
- Percebemos a lacuna no mercado;
- Não tínhamos quaisquer competências especiais ou experiência na indústria.

Encontráramos a "ideia luminosa". Foi tudo muito instintivo nesta fase, mas é disso que se trata a fase da "ideia luminosa". A nossa ideia pareceu correcta na primeira noite que falámos sobre isso e na manhã seguinte ainda parecia correcta. No fim do dia seguinte, depois de um pouco de investigação, pareceu ainda melhor. Nós sabíamos que tinha sido acesa uma verdadeira "ideia luminosa".

> *"Tudo o que existe, alguma vez começou ou irá começar com uma ideia na cabeça de alguém"*
>
> WALLY AMOS

E agora?

3 estudo de mercado

TRANSFORMAR A IDEIA NUM NEGÓCIO

Teve uma boa ideia para iniciar um negócio e sente-se confiante com a sua visão. A realidade, contudo, é que ainda só percorreu 0,01 por cento do caminho que leva ao empreendedorismo. O seu instinto pô-lo no caminho, mas agora precisa de ter convicção para o seguir com sucesso.

A maioria de nós, em algum momento da nossa vida, sonhou criar o seu próprio negócio, mas poucos foram capazes de tornar esse sonho realidade. A razão principal para isso é que o progresso, quase inevitavelmente, estagna na "fase da ideia", o ponto em que a "ideia luminosa" do negócio deixou o conforto da imaginação e entrou no mundo real.

> *"Se todos os que falaram em criar um negócio o tivessem realmente posto em prática, o país inteiro trabalharia por conta própria. Mas a maior parte prefere fantasiar sobre isso do que fazê-lo."*
>
> Mark McCormack,
> autor de What they don't teach you at Harvard Business School

Regra #16
Uma ideia não implementada não vale nada

Desde que criámos a Coffee Republic, muitos disseram-nos que também já tinham tido a mesma ideia e, em muitos casos, até mesmo antes de nós. Também eles tinham estado nos EUA e sido conquistados pela experiência de café que tanto tinha cativado as nossas imaginações. No seu regresso a Inglaterra, ponderaram a ideia de abrir um conceito semelhante no Reino Unido. A maioria estava provavelmente melhor equipada do que nós (no que respeita a competências e experiência) para levar a ideia avante. Mas ninguém o fez.

> *"Uma nova ideia é delicada. Pode ser morta por uma troça ou um bocejo: pode ser apunhalada até à morte por uma piada ou morrer de preocupação por um sobrolho franzido na pessoa errada."*
>
> Charles Browder

Aquilo que distingue os empreendedores é realmente muito simples. Enquanto outros sonham, os empreendedores levam uma boa ideia até à sua concretização. Enquanto que, para a maioria, uma ideia é posta de lado depois de um par de telefonemas de pesquisa e talvez alguns comentários desencorajadores dos chamados "peritos", os empreendedores não desistem, mesmo quando tudo o que têm para continuar é o instinto. Continuam a trabalhar arduamente para

estudo de mercado

realizar os seus sonhos. A mente empreendedora pensa assim: "Eu não tenho qualquer experiência, competências especiais, nem tenho o dinheiro. Não sei como o vou fazer. Mas, mesmo assim, vou fazê-lo."

Quase inevitavelmente, se está a ler este livro é porque se encontrou numa situação semelhante à descrita acima nalgum momento do passado. Por que é que não avançou? Duvidou da sua própria capacidade? Quando chegou ao momento da verdade, sentiu que a sua ideia não era suficientemente viável? Ou imaginou que alguém melhor qualificado iria chegar lá primeiro? Por outro lado, talvez os seus amigos e conhecidos o tenham convencido de que não estava à altura da tarefa de criar um negócio. Sahar lembra-se de um amigo que tentou dissuadi-la de avançar com a Coffee Republic. Ele disse: "Tens alguma ideia do peso da responsabilidade pelos cheques de pagamento mensais dos colaboradores?" Sahar não sabia, mas decidiu avançar mesmo assim. Essa atitude representa a diferença entre compromisso e a procrastinação. Os empreendedores comprometem-se; os outros não conseguem terminar o trabalho.

Regra #17
Os empreendedores não procrastinam

Eles não encaram a sua ideia de negócio a perguntar se "as minhas hipóteses de fracasso superam as minhas hipóteses de sucesso", tal como Sahar não o fez quando o amigo a questionou. Pelo contrário, os empreendedores dizem que "estou comprometido com esta ideia. Tenho a noção de que pode ser só uma coisa vaga e semi-coerente, por enquanto, mas EU VOU fazê-la. A única questão é 'como' e não 'se'".

Enquanto a procrastinação é o "ladrão de ideias", o ingrediente secreto para a ultrapassar é muito simples: compromisso. Mas onde é que encontra compromisso, quando não tem mais nada do que uma ideia abstracta – mesmo que seja uma grande ideia – que o faça continuar? Como é que pode encontrar compromisso suficiente para continuar a trabalhar em algo que não passou mais do que um dia a desenvolver? A boa notícia é que não vai simplesmente a passar na rua e "compromete-se".

Regra #18
O compromisso é alcançado quando trabalha na sua ideia
É isso! Um compromisso não é uma fórmula misteriosa que alguns conseguem alcançar e outros não. O compromisso é algo que cada um de nós pode construir dentro de si próprio à medida que começa, de facto, a trabalhar na sua ideia. Qualquer um consegue encontrar o compromisso. Não vem simplesmente "de mão dada" com uma ideia, mas é o resultado de não procrastinar e de, pelo contrário, trabalhar realmente na ideia. Se deixar a ideia parada, nunca se irá comprometer com ela; mas, se agir sobre a sua ideia, então o seu compromisso irá crescer diariamente numa proporção directa ao esforço que investe nela.

Por outras palavras, se tem uma ideia, comece a trabalhar nela imediatamente. Pode aperceber-se de que o seu nível de compromisso é fraco ao início, mas, à medida que vai "mergulhando os seus pés na água", isso irá mudar. Irá começar a perceber se está ou não no caminho certo e, quando a informação que procura começar a chegar, o seu compromisso irá diminuir ou crescer exponencialmente, dependendo do que aprendeu. Se diminuir, não se preocupe! É que, mesmo assim, agiu de uma forma empreendedora, pois não se deixou desencorajar de tentar. Nem todas as ideias são boas e depressa outras virão em seu auxílio. Se tiver sorte, e se vir que acredita estar no caminho certo, irá sentir uma drástica mudança interior. O seu compromisso irá crescer gradualmente para se tornar em determinação ardente. Nessa altura, absolutamente nada o irá impedir de atingir o seu objectivo!

estudo de mercado

A NOSSA HISTÓRIA
Como encontrámos o nosso compromisso

Para descobrir a resposta, vamos voltar ao restaurante tailandês em King's Road que já mencionámos anteriormente. Esta foi uma noite determinante, foi mesmo um momento definitivo das nossas vidas, porque a chave para a Coffee Republic era muito simplesmente não deixarmos a nossa ideia a pairar no ar.

Depois de termos falado da nossa ideia durante o jantar, não fomos para casa a pensar "depois voltamos a falar disto" ou "vamos fazer um estudo passivo nas próximas semanas e ver o que acontece". Em vez disso, Sahar decidiu ir sozinha verificar o mercado de café. Estaria certa acerca da falta de experiência de bom café em Londres? Ela acabou por se convencer ao descobrir as respostas.

Na manhã seguinte, com um grande entusiasmo ainda resultante da conversa na noite anterior, Sahar saiu do seu apartamento em direcção à estação de metro mais próxima, decidida a dar os primeiros passos concretos no caminho para tornar a sua ideia de café em realidade. O objectivo da expedição de Sahar era provar que existia uma lacuna no mercado, mas esse não foi realmente o ponto crucial do efeito daquela manhã de trabalho.

> **A chave foi esta: nós agimos.**

Sem demora, levámos a nossa ideia um passo à frente e trouxemo-la para o mundo real. Agindo sobre uma ideia, a ideia deixa de existir apenas na imaginação e torna-se, em vez disso, o embrião físico de um negócio que irá ser criado.

A ideia começa num estado de inércia e precisa de pô-la em andamento. Na verdade, é uma questão de dinâmica. A dinâmica cria-se como resultado de cada passo que dá em frente, por muito pequeno que seja. Muitos passos pequenos equivalem a uma dinâmica considerável, enquanto que, se não fizer nada e não der qualquer passo concreto, a sua ideia de negócio nunca verá a luz do dia.

Em apenas 12 horas, desde a conversa no restaurante até ao circuito de Sahar por Londres, a nossa ideia tinha dado passos físicos e acompanhámos a dinâmica inicial. Em muito pouco tempo, tínhamos aumentado exponencialmente as hipóteses de trazer a nossa ideia para o mundo real. Nós já tínhamos começado a subir a escada do compromisso.

Alguma vez teve este tipo de conversa?

– Você: *"Tenho uma grande ideia para um negócio."*

– Amigo: *"Isso parece óptimo. Mas um conselho..."*

– Outro Amigo: *"Sim, eu tentei uma coisa desse género uma vez. Nunca funcionou. Para mim não..."*

– Ainda Outro Amigo: *"Bem, boa ideia, mas deixa-me fazer de advogado do diabo..."*

– Você: *"Mmmmm, bem, pareceu-me mesmo uma boa ideia, embora saiba que tenho de ter cuidado."*

– O Primeiro Amigo: *"Não, avança. Mas nunca te esqueças de que não será fácil e quase de certeza que não serás bem sucedido".*

– Você: *"Oh, bem, era só uma ideia. Vamos falar de outra coisa qualquer."*

Soa-lhe familiar, não é?

Quando está comprometido, não deixa que nada disto o incomode, porque tem uma forte paixão que certamente irá guiá-lo através do campo minado de obstáculos, rejeições e dúvidas que irá enfrentar. Isto não quer dizer que não tenha dúvidas, receios e inseguranças sobre o seu empreendimento. Mas não irá deixar que isso o pare. Estará a trabalhar, apesar de todas as dúvidas e críticas, por isso acabará por ultrapassá-las. Um dia, quando estiver imerso no trabalho, irá perceber que todas as dúvidas e inseguranças estarão algures lá atrás ou desapareceram completamente.

> **Então, o melhor conselho é:**
> **Comece a trabalhar imediatamente!**

Por onde começar?

Teve uma ideia e talvez já tenha dado o primeiro passo a sério para alcançar o seu objectivo (no nosso caso, foi a viagem de Sahar pelo metro), mas agora precisa de algo mais. A acção inicial comprometeu-o com a causa, mas está ainda na fase em que reconhece estar a alguma distância do seu destino final. Então, o que acontece agora? Como que é sobe outro degrau na escada do compromisso?

O seu próximo passo é o estudo de mercado.

Regra #19
O estudo de mercado é apenas uma gigantesca missão de recolha de factos

É realmente assim tão simples. Até agora, ouviu a sua voz interior. Esta é a fase em que começa a ouvir os outros. É sobre consolidar o seu instinto com factos reais e números que o ajudem a convencer-se da ideia. A sua convicção tem de ser tão forte que consiga persuadir outros em relação à sua ideia.

O mandamento mais elementar do estudo de mercado é simples: conhecer o máximo que conseguir, das mais variadas fontes possíveis, sobre o seu negócio. Viva-o, sonhe com ele, respire-o. Aqui estão algumas lições úteis que aprendemos nesta fase.

Regra #20
Siga o Princípio Zulu

Cunhada pelo guru Jim Slater nos anos de 1970, esta regra (que recebeu este nome devido ao conhecimento que a sua mulher tinha da tribo africana) afirma que qualquer um se pode tornar um perito sobre qualquer coisa, se se concentrar completamente nisso. A mulher de Slater tornou-se uma perita em zulus, sem ter conhecimento prévio deles até ter lido um artigo numa revista.

Nós tornámo-nos "zulus" sobre o negócio do café. Decidimos que íamos aprender, tão simples quanto isso, tudo o que havia para saber sobre café e o negócio do café. Não interessava que um de nós fosse advogado e outro um consultor. Queríamos mergulhar no mundo do café e tornarmo-nos peritos nessa área, o mais depressa possível.

O que fizemos para o conseguir parece incrivelmente simples, mas é disso que se trata o estudo de mercado. Lemos tudo o que existia sobre café e estávamos atentos sempre que alguém tivesse escrito alguma coisa sobre o tema. Falámos sobre café em todas as oportunidades, entre nós e com qualquer um interessado em partilhar connosco as suas opiniões. Bebíamos café sempre que e onde podíamos. Cada vez que nos cruzávamos com alguma coisa abstracta (como um artigo de revista sobre negócios, ou uma loja que estivesse vaga, ou um anúncio para pessoal de retalho), nós personalizávamo-lo na nossa cabeça e procurávamos perceber qual era o impacto ou o efeito que tinha sobre nós. Consequentemente, observámos coisas mundanas e triviais que nunca tínhamos visto antes.

Tudo à nossa volta começou a fazer parte da oportunidade que se estendia à frente da nossa ideia. Em menos tempo do que pode imaginar, provavelmente sabíamos mais de café do que muitos dos que estavam no negócio há anos. Nós éramos verdadeiros "zulus" do mundo do café!

Regra #21
Em relação ao estudo de mercado, faça-o você mesmo!
Como dissemos anteriormente, o estudo de mercado é sobre ouvir os outros e é preciso que sejam os seus ouvidos a ouvir, não os de outra pessoa. Simplesmente não há um substituto para a motivação, determinação e rigor que você trará ao trabalho. Um investigador contratado não terá a motivação para questionar e absorver a informação como você. Uma empresa de estudos de mercado sofisticada pode entregar-lhe um relatório vistoso cheio de factos e números, mas faça você próprio o trabalho e ficará também a saber a história por detrás deles.

Para além disso, enquanto estiver a fazer a sua pesquisa terá todo o tipo de momentos inesperados de verdadeira inspiração. Irá perceber as mais pequenas coisas que um profissional não tão envolvido pode deixar escapar, mas que lhe permitirão desenvolver e aperfeiçoar ainda mais a sua ideia. Por outras palavras, mantenha a sua ideia sempre presente e "suje as mãos"; irá recompensar. Mesmo quando não estiver a trabalhar activamente, irá descobrir que está passivamente a investigar sobre a sua ideia.

Regra #22
A inspiração está em todo o lado
Quanto mais imergir fisicamente na sua ideia, mais estará exposto a momentos inspiradores. As ideias virão simplesmente ter consigo. O processo simples de aprender sobre o seu negócio irá trazer à sua atenção coisas que provavelmente nunca teria visto antes.

Curiosamente, a procura de factos concretos (o seu estudo de mercado) irá, de facto, resultar num crescimento do seu lado criativo. Enquanto reflecte sobre o que está a descobrir e reúne alguns dos seus próprios pensamentos, irá criar um solo fértil onde cultivar novas ideias. Essa combinação de factos e números, conjugada com o pensamento inspirado, irá servir para aumentar a dinâmica que já começou a construir e irá começar realmente a ver o seu sonho a tomar forma na sua cabeça.

O QUE DEVE PESQUISAR

Existem quatro áreas principais ligadas à sua ideia que tem de conhecer. Elas são:

- ◆ **O Mercado:** Por outras palavras, estude cuidadosamente a indústria na qual vai operar e como o seu negócio se encaixa nela. Qual é a dimensão do mercado (por outras palavras, a dimensão da oportunidade) que enfrenta? Qual é o futuro, o passado e as tendências presentes? Quem são os principais jogadores na sua indústria? Quem detém o quê? Quais são os problemas que afectam a indústria? Qual será a sua posição provável? Que quota de mercado espera conquistar?
- ◆ **Clientes:** Quem são os clientes? Têm características comuns? Quais são os seus hábitos de consumo? O que compram, quando compram (no trabalho, em casa, em férias) e com que frequência (uma vez por ano ou diariamente)? O que é que eles valorizam (conveniência, qualidade, experiência)? Que preços estão dispostos a pagar e têm necessidades, conscientes ou inconscientes, que actualmente não estejam a ser satisfeitas pelo mercado existente? Se assim é, como é que espera satisfazê-las? Para além disso, há algo único que possa oferecer para conquistar esses clientes – existe algum benefício adicional que lhes possa oferecer?
- ◆ **Concorrência:** Quem são os seus concorrentes? Que quota de mercado detêm e quais são as suas vantagens (preços, posicionamento, etc.)? Até que ponto têm um bom desempenho? Como é que pode diferenciar o seu negócio do deles? Como é que irá determinar o preço do seu produto? Quem serão os seus concorrentes no futuro?
- ◆ **Fornecedores:** Quem são? O que fornecem? A quem fornecem? Quais são os seus preços? Fornecem-lhe o que necessita?

COMO É QUE FAZ REALMENTE O ESTUDO?

Precisa de saber tudo o que consiga encontrar sobre o seu potencial negócio, portanto o seu estudo é de facto um processo de imersão num assunto em particular. O perigo aqui é que, quando tudo está em aberto, pode facilmente perder a noção da estrutura e, consequentemente, perder de vista os seus objectivos. Descobrimos que era importante proceder ao estudo de mercado de uma forma organizada. Fizemos o que vem a seguir, o que provou ser de grande utilidade.

Trabalho de secretária (está na hora dos "trabalhos de casa")

Isto é muito linear e aparentemente monótono, mas é, em muitos aspectos, um ponto de partida fantástico para a sua viagem. Permite-lhe criar bases de conhecimento sólido antes de percorrer as ruas para fazer investigações pessoais. Também pode reunir estatísticas e factos concretos que irá precisar. O trabalho de secretária tem um objectivo simples: quer ver tudo o que já foi publicado sobre o seu negócio. Se há alguma coisa a saber, quererá conhecer.

Isto soa a "trabalho de casa" – mas é muito mais divertido; vai ficar sedento por informação.

A primeira paragem deve ser a sua biblioteca local que tenha uma área sobre negócios. Se estiver em Londres, a City Business Library é uma valiosa fonte de informação sobre negócios. A biblioteca tem uma colecção de:
- ◆ Directórios
- ◆ Relatórios de mercado (que poderiam custar milhares se tivesse de os comprar)
- ◆ Periódicos
- ◆ Jornais
- ◆ Relatórios anuais e outra informação sobre empresas
- ◆ Informação governamental
- ◆ Informação comercial e publicações comerciais

Deve também contactar associações empresariais e de comércio locais. Muitas têm as suas próprias bibliotecas de referência, contendo publicações de interesse específico que normalmente pode utilizar gratuitamente.

Por vezes consegue encontrar revistas sectoriais nas bibliotecas públicas, mas, caso contrário, vale a pena descobrir quais os títulos que cobrem a área que propõe e subscrevê-los quando possível. Ler estas publicações irá mantê-lo a par do que se está a passar na indústria. No final da secção de anúncios há normalmente uma boa lista de fornecedores que poderá vir a contactar.

Organize um ficheiro de recortes. Sugerimos que mantenha um álbum com todos os recortes de jornais que apareçam e que possam ser relevantes para o negócio que deseja criar. Podem ser específicos para a sua área de negócio, ou mais gerais relacionados com condições económicas ou assuntos relativos a como criar um negócio.

Apesar de não termos tido acesso à Internet na altura do nosso estudo, ela é hoje uma valiosa fonte de informação, especialmente se já tiver as pistas de que precisa quando fez o seu "trabalho de casa" na biblioteca.

Faça-se à estrada!

Este vai ser o seu estudo mais eficaz – fazer telefonemas, reunir com pessoas, visitar concorrentes e procurar outros conceitos de retalho. De facto, qualquer coisa que o ponha frente a frente com algum aspecto da sua ideia. Irá ficar espantado com a quantidade de informação que irá conseguir aprender só por perseguir o óbvio; como uma breve conversa, um telefonema ou uma reunião rápida o poderão levar a uma pérola de informação que virá a considerar indispensável.

Por onde começar? Bom, as Páginas Amarelas são um óptimo lugar. Telefone a dez fornecedores, a dez concorrentes se estiver no retalho, a dez agentes imobiliários e a dez fornecedores de equipamento. Saberá que perguntas quer fazer.

estudo de mercado

Depois visite os seus concorrentes. Visite outros negócios que o inspirem e veja o que consegue aprender. Vá a locais que pareçam ser bons para a sua ideia. Quando estiver na estrada, a forma física do seu negócio irá tornar-se tão clara como os factos e os números que estudou na sua secretária.

Vamos partilhar consigo as regras do estudo de mercado que descobrimos (às vezes da pior maneira) para que, com o benefício da experiência, não repita os nossos erros!

Regra #23
NÃO mostre o jogo. Seja discreto

Escreva esta regra em grandes letras vermelhas e nunca a esqueça! Quando estiver cheio de entusiasmo e a falar sem parar de um assunto que lhe é próximo e querido, a coisa mais fácil do mundo é revelar mais dos seus planos do que realmente deve.

Em vez disso, guarde as cartas bem perto do seu peito. Seja vago sobre a sua ideia e cauteloso, em vez de excessivo no seu entusiasmo.

Contudo, não se esqueça também que nunca deve mentir. Irá estar a falar com pessoas com quem, nalguns casos, pode construir uma relação a longo prazo, por isso é importante não os enganar completamente. Precisa de encontrar um equilíbrio entre ser positivo e não revelar as suas melhores ideias.

Quando estávamos a trabalhar na nossa ideia, descobrimos rapidamente que a indústria do café estava cheia de rumores sobre a loucura do café nos EUA. Nós tentámos simplesmente conseguir tanta informação quanto possível sem mostrar o nosso jogo.

Regra #24
Telefone a tantas pessoas quantas conseguir – os números dão segurança

Outra área na qual precisa de ser persistente é nos seus telefonemas. Muitos não irão poder ou querer conversar consigo e é importante que não desanime quando começar uma chuva de "rejeições". Mantenha sempre em mente que, após cinco telefonemas negativos, o sexto pode ser uma fonte valiosa de informação privilegiada e, de qualquer forma, a nossa experiência demonstra que a maioria daqueles com quem irá falar terá uma quantidade surpreendente de conselhos úteis para lhe dar.

Lembre-se também que uma chamada telefónica leva a outra. Aqueles que falam abertamente consigo estão muitas vezes dispostos a partilhar o seu livro de endereços e a apontar-lhe outras direcções, igualmente úteis.

Regra #25
Não seja selectivo. Vá a tudo

À medida que começar a introduzir-se no mercado, e isto é especialmente verdade para os fornecedores, irá receber convites para visitar pessoas. Passado um tempo, o apelo de mais uma viagem a outro escritório de um vendedor pode ter perdido o seu encanto, mas aconselhamo-lo vivamente: não diga "não". Nunca sabe o que irá descobrir e nunca sabe o que lhe será oferecido, a menos que tome a iniciativa e vá.

No nosso caso, um dos fornecedores que visitámos apresentou um curso de formação introdutório sobre fazer café, ao qual pudemos assistir gratuitamente. Com ele aprendemos vários truques deste ofício e conhecemos outros que estavam a abrir lojas de café com um conceito não muito diferente do nosso. Esta troca de informação foi muito valiosa.

estudo de mercado

Se pensa que isto parece entusiasmante, interessante e simples, tenha cuidado, pois este é o ponto em que ser um empreendedor pode começar a desgastar a sua saúde! Bom, pelo menos isso é certo se vai entrar num negócio relacionado com a cafeína. Um dia, depois da nossa enésima visita a um fornecedor e depois de uma prova de cada um dos 14 tipos de *espresso* que tinham, receámos um ataque de coração e tivemos, de repente, de encontrar uma estação de serviço na M4 e devorar rapidamente duas barras de Mars cada um, só para absorver a *overdose* de cafeína!

Seja como for, passámos muito tempo a visitar lojas de cafés e outros tipos de estabelecimentos hoteleiros. Se estivesse disponível alguma literatura, levávamo-la para casa e estudávamo-la. Resumidamente, tornámo-nos peritos no que estava a acontecer no sector do café e, se soubéssemos de alguma coisa nova, certificávamo-nos de que éramos os primeiros a visitá-la.

Enquanto fazíamos o nosso estudo de mercado, Sahar também fez um desvio extremamente útil. Voltou a Nova Iorque para investigar realmente todos os aspectos da fonte original da nossa ideia, desta vez o mais aprofundadamente possível. Nós encaramos esta viagem como a nossa missão de reconhecimento.

Depois de um voo nocturno no dia anterior, Sahar levantou-se às cinco da manhã, na sua primeira manhã de volta à cidade, calçou os seus Timberlands e saiu para a sua expedição do café. Às 10h30, já tinha consumido dez *skinny lattes* e 25 *muffins*, por isso pode imaginar como é que ela se sentia quando a missão de reconhecimento terminou, dez dias depois. O único tipo de alívio disponível eram os passeios entre os cafés, sem os quais teria ocupado dois lugares em vez de um no seu voo de regresso.

Se estiver a considerar que a viagem de Sahar a Nova Iorque foi pouco mais do que uma desculpa esfarrapada para comer muito (e falamos mesmo de muito), deixe-nos garantir que não foi o caso. Ela reuniu o que se tornou num álbum visual indispensável do conceito que queríamos reproduzir. Armada com

qualquer um consegue

máquinas fotográficas descartáveis e aplicando um jeito considerável de mãos, fotografou balcões, montras, tabuleiros de ingredientes e fardas de empregados, enquanto mastigava *muffins*, *brownies** e donuts.

De vez em quando, era apanhada em flagrante e tinha de suportar a ligeira humilhação de ser expulsa das instalações. Houve um gerente que chegou a persegui-la até à saída. Por isso, sempre criativa, Sahar recorreu a amigos para a fotografarem na sua "Maravilhosa viagem a Nova Iorque", o que resultou num *portfolio* pós-moderno de cafés mostrando imagens como a fila de máquinas *espresso* com o lóbulo da orelha de Sahar visível apenas no canto superior. Por isso, quando alguém agora entra na Coffee Republic com uma máquina fotográfica, nós não deixamos. Já sabemos o que anda a tramar!

Regra #26
Torne-se cliente regular da concorrência

Antes da sua própria ideia se tornar realidade, os seus concorrentes são a melhor forma de aprender quais os desafios que irá enfrentar.

Na altura em que abrimos a nossa primeira loja, provavelmente conhecíamos a concorrência tão bem como conhecíamos a nossa ideia. Para além disso, adaptámos o nosso estilo de vida de forma a imitar o do nosso cliente típico. Por isso, todas as manhãs íamos ao que achávamos ser os melhores cafés "à moda antiga", à procura da nossa chávena diária, e isto inspirou-nos a mantermo-nos interessados, bem como a continuar a visualizar o que podíamos oferecer.

Pode não ser justo, mas é a melhor maneira de aprender sobre o seu futuro negócio e, assim que estiver instalado, outros irão fazê-lo também. Por isso é justo!

---

* **N. T.** Pequeno bolo de chocolate, muitas vezes com nozes.

estudo de mercado

Por estarmos constantemente expostos desta forma ao futuro ambiente que escolhemos, a dinâmica que já tínhamos construído foi mantida e intensificada. Mesmo quando não estávamos a trabalhar activamente na nossa ideia, estávamos passivamente a absorver uma dieta rigorosa de informação sobre o negócio do café.

> *"Estude todos os que sejam seus concorrentes. E não olhe para o negativo. Olhe para o positivo. Se tiver uma boa ideia, então há mais uma do que quando entrou para a loja e devemos incorporá-la na nossa empresa."*
> Conselho de SAM WALTON da Wal-Mart aos seus colaboradores

Regra #27
Os inquéritos formais aos clientes estão excluídos!

Quer pensar "fora da caixa". Não gaste milhares de euros com uma empresa que pergunta, em seu nome, a um grupo seleccionado de potenciais clientes, sobre o seu comportamento provável numa determinada situação. Gastar dinheiro desta forma não vale a pena. Poupe o dinheiro, use o que poupar para fazer um trabalho melhor em desenvolver realmente o seu produto.

> *"Se tivesse perguntado aos clientes o que eles queriam, eles teriam respondido um cavalo mais rápido."*
> HENRY FORD

A razão para isto é que, se perguntar aos clientes o que eles querem, ficará limitado às suas necessidades actuais. O seu papel como empreendedor é o de servir necessidades que não foram identificadas, mas que iriam adorar ser satisfeitas. Está a antecipar e a servir uma necessidade futura.

qualquer um consegue

Se quer provas disso, existe a célebre frase de Henry Ford que se encaixa perfeitamente no nosso argumento. Ele estava certo. Os clientes dele não teriam sido capazes de expressar preferência por alguma coisa com a qual não estavam familiarizados. Como é que os consumidores de café em Londres sabem a que é que sabe um café ao estilo norte-americano, quando a maioria nunca o experimentou?

Além disso, ser original e ter a coragem de assumir as suas convicções é parte do que constitui um empreendedor bem sucedido. Não se esqueça que você é um pioneiro.

Não permita a si próprio fechar-se dentro das fronteiras da situação existente. Quanto tiver estudado os hábitos actuais e for capaz de oferecer alguma coisa melhor do que a concorrência, a um nível de preços acessível aos seus clientes, então avance!

> "*O marketing é dar aos outros coisas que eles nunca souberam que queriam.*"
> YVES SAINT LAURENT

estudo de mercado

A NOSSA HISTÓRIA
O que é que nós fizemos?

Aqui estão alguns faxes que trocámos entre nós, depois daquela primeira noite (quando a nossa ideia nasceu no restaurante tailandês em King's Road) e que acabaram algum tempo depois, quando o caminho para a realidade começou de facto a tomar forma. Nós pensamos que o que sobressai é a simplicidade que esteve envolvida e o que fizemos: claro que fomos rigorosos e dedicados, mas, como verá, nada do que se segue é ciência aplicada. É por isso que temos tanta certeza de que qualquer um consegue!

FAX (DO BOBBY)

Sahar,
Aqui estão alguns pontos em que nos devemos concentrar nesta fase de "estudo de mercado":

1. Deves encarar o objectivo das próximas duas semanas como um exercício de imersão no mercado.
O teu principal objectivo é tomar o "pulso do mercado do café".

2. Precisas de começar primeiro com "trabalho de secretária", por isso sugiro que comeces por: encontrar uma biblioteca e pesquisar artigos de jornais, relatórios anuais de empresas de café, relatórios de analistas de mercado e registos das últimas tendências norte-americanas. Estuda mesmo em pormenor o estado do mercado do café aqui e nos EUA.
Se puderes, tentas saber se algum dos "big boys" (grandes empresas de produtos alimentares) estão a planear abrir uma cadeia de cafés no Reino Unido?

3. Enquanto fazes esse estudo, continua sempre a pensar na nossa mensagem. Deves encarar tudo o que descobrires com ela em mente. Lembra-te, deve ser simples, transparente e claro.
Tenta também saber quem são os nossos concorrentes e por que é que nós seremos diferentes deles. Visualiza a nossa loja – a atmosfera, o enfoque na qualidade e em como seremos diferentes da porcaria actualmente existente no mercado.

4. O teu estudo de mercado deve dar uma ideia aproximada dos preços de retalho, preços das propriedades e os nossos custos em bens (café). Consegues reunir uma ideia básica da folha de balanço e ver quanto café vamos precisar de vender até atingirmos o *break-even*?

Não deixes que isto te preocupe. Não é tão difícil quanto parece. Tenho de reconhecer que nunca teremos uma resposta precisa, independentemente dos muitos cálculos que fizermos. Ao fim do dia, o que conta é a nossa avaliação sobre se conseguiremos ter vendas que amortizem os custos. O meu instinto é começar devagar em todos os sentidos (por exemplo, um espaço mínimo de metros quadrados necessários para, mesmo assim, nos diferenciarmos e passarmos claramente a nossa mensagem. Se tiveres janelas enormes, provavelmente deves precisar de muito menos espaço).

Sahar, não te preocupes com o financiamento agora. Concentra-te no conceito e, se o conceito é bom, havemos de conseguir arranjar o dinheiro de alguma forma. Temos praticamente um ano inteiro (1995) para nos estabelecermos e criarmos uma denominação comercial!! Não é realmente muito tempo!!

FAX (DE SAHAR)

Métodos de estudo

Acho que tenho o meu estudo de mercado. Os meus métodos de estudo têm sido:

- Leitura intensiva de recortes de jornais na City Business Library sobre café, lojas de café e concorrência (existe uma revista chamada *Café Ole* com todos os mexericos sobre novos cafés).
- Ler relatórios de mercado actualizados (descobri que a Mintel tem o melhor sobre a indústria de *fast food*) que se encontram na City Business Library (é muito caro comprar e ilegal fotocopiar!).
- Visitei a biblioteca da Organização Internacional do Café (imagina uma biblioteca TODA sobre café) – recortes de imprensa realmente bons.
- Prospectos de grandes cadeias de comida dos EUA e do Reino Unido.
- Telefonar a concorrentes e pedir informações... tenho um mapa de Londres onde assinalei todos os nossos concorrentes.
- Telefonei à maior parte dos fornecedores de café e de máquinas de café. Totalmente disfarçada, claro.

Isto é o que eu aprendi:

MERCADO

- O café é o segundo maior bem comercializado, depois do petróleo.
- O chá tem sido sempre a bebida nacional favorita no Reino Unido (3,9 chávenas por pessoa por dia). Costumava ser sete vezes mais do que o café, mas a diferença entre chá e café tem vindo a diminuir lentamente.

- O Reino Unido tem um dos mais baixos consumos *per capita* de café na Europa. A dada altura, o Reino Unido consumia dois quilos de café *per capita*, enquanto que em França eram cinco quilos e seis quilos na Alemanha. Os países escandinavos consumem cerca de 14 quilos *per capita*.
- O Reino Unido é o único país da Europa com uma enorme preferência por café instantâneo. Noventa por cento do café bebido no Reino Unido é instantâneo, comparado com a França onde só dez por cento é instantâneo.
- Existe uma tendência real crescente no consumo de café, tornando-o no segmento de mercado mais flutuante no mercado retalhista. Sessenta e três por cento do café realmente consumido no Reino Unido é bebido fora de casa. Existe um enorme potencial de crescimento no Reino Unido.
- O mercado das sandes está em ascensão. Está a passar por aquilo que acreditamos que se virá a passar no mercado do café. Basicamente, o mercado está a inovar e a evoluir na direcção da qualidade elevada com muitas mercearias e a cadeia Pret A Manger a desafiar o domínio das velhas lojas que vendem sandes.
- Uma tendência mais geral do consumidor é a procura de produtos de conveniência, porque a mudança do estilo de vida e a redução das refeições familiares levaram a um aumento do consumo de *snacks* e a consumir-se alimentos entre refeições.

CAFÉ

- Aprendi tudo sobre café – existe uma história fascinante sobre Kaldi, a propósito. Lembra-me de um dia te contar!
- Falei com dez fornecedores de café
  (claro que não lhes disse nada sobre os nossos verdadeiros planos. Fingi que ia abrir uma loja que vende sandes) – fiquei com uma boa ideia dos custos e da margem de lucro do *cappuccino* – ias ficar impressionado!

estudo de mercado

- Falei com os maiores fornecedores de máquinas de café e consegui brochuras e preços.
- Perguntei por aí e fiquei com uma ideia geral do número de chávenas vendido.
  As lojas de sandes vendem mil *cappuccinos* por dia – acreditas?
- Compilei uma lista dos preços da concorrência.
- Até telefonei aos serviços alfandegários para saber sobre os impostos de importação se mandássemos vir equipamento dos EUA.

O LOCAL

A minha primeira pista foi do Philip, o meu colega da universidade, que agora é um agente imobiliário acreditado de sucesso. Ele explicou-me todo o processo. Precisamos de nomear um agente imobiliário que nos encontre um local e nos dê conselhos sobre tudo, o que é óptimo, uma vez que já estava preocupada com a nossa falta de conhecimento nesta área.

- Assim, contactei alguns agentes imobiliários importantes – tirei os nomes deles dos placares em locais de retalho – deram-me preços de arrendamento aproximados e preços de base.
- Consegui ficar com uma ideia geral dos locais ideais para nós, baseando-me em visitas que fiz pessoalmente a zonas para verificar a concorrência e o movimento de pessoas que circulam a pé. Também estou a utilizar o meu instinto e experiência anteriores.
- O principal problema que todos referiram é que os senhorios institucionais não dão a *start-ups* como nós uma licença sem uma garantia pessoal. Este vai ser o nosso maior problema. Bandeira vermelha nesta área!
- Tive uma ideia sobre como obter autorização.
- Investiguei sobre a saúde ambiental. Não prevejo problemas, apenas registá-los e tê-los em conta nos nossos planos de equipamento das lojas.

Para fazer: quanto a encontrar lugares baratos, bons e imaginativos, parece--me que a única pessoa que se irá dar a esse trabalho sou eu. Os agentes não estão para perder o seu tempo comigo. Limitam-se a mandar-me folhetos de locais que não servem. Preciso de andar pela cidade e procurar propriedades vagas. Assim que encontrar uma boa loja vazia, entrarei em contacto com o agente para que contacte o senhorio em meu nome.

Para fazer: a forma mais barata de obter os números do movimento de pessoas a pé é fazê-lo eu própria – acabei de comprar um "contador" para clicar o número de pessoas que passam num determinado sítio nas horas de ponta.

Parece-me que até estabelecermos uma marca devíamos ficar longe das estações de comboios e aeroportos. Estes locais estão dominados pelos "manda-chuva". Eles disseram que não só não têm lugares vagos, como, de qualquer forma, só aceitam nomes de marca!

As minhas localizações favoritas:
    Moorgate
    Sloane Square
    Fleet Street/Holborn

DESPESAS GERAIS

Agora tenho uma ideia geral sobre as despesas típicas. Telefonei para os serviços de água, luz e gás e os seus departamentos comerciais foram realmente úteis. Se tiveres um estabelecimento de um determinado tamanho, dão--te uma estimativa de quanto será a conta desses serviços.

COLABORADORES

Não faço ideia de quantos colaboradores iremos precisar, mas sei que não podemos ter apenas um a servir 400 chávenas de café por dia. Isso seria impossível, especialmente se tivéssemos horas de ponta, ou será que é possível? A quem é que podemos perguntar? Talvez pergunte a um fornecedor de café.

Descobri que é de grande importância ter colaboradores com uma boa formação e altamente motivados. Também descobri um fornecedor de café que dá dois dias de formação por mês e podemos enviar para lá os nossos colaboradores gratuitamente. Outro fornecedor disse-me que todos eram pagos à hora, o que implicará menos formalidades legais para nós.

Para fazer: ver quantos colaboradores precisamos. Onde é que conseguimos encontrar colaboradores que sejam totalmente diferentes dos que vemos nas lojas que vendem sandes? Onde é que compramos fardas para colaboradores (estou a pensar em *T-shirts*, bonés de basebol e avental, todos com logotipo)?

EQUIPAR A LOJA

Aqui não tenho mesmo qualquer pista. Só tenho uma estimativa aproximada que me foi dada pelas empresas de equipamento que encontrei nas Páginas Amarelas. Talvez se torne mais claro quando encontrarmos um local. Será que conseguimos uma cópia de um desenho de arquitectos de Nova Iorque? É uma ideia ridícula?

COMIDA

Andei a fazer umas perguntas por aí. Mas ninguém pareceu oferecer a qualidade que queremos. Ninguém faz *muffins* sem calorias – eles pensam que sou louca. E quanto a sandes? Em Nova Iorque eles vendem-nas, mas será por o café não ser suficientemente rentável? Pensando melhor, não vamos vender sandes, não somos um restaurante.

Para fazer: talvez tenhamos que contratar um pasteleiro que confeccione só para nós para termos a qualidade de que precisamos. Vou comprar um livro de receitas sem calorias de Nova Iorque.

Outros produtos para venda além do café.

Para fazer: preciso que alguém me diga se tenho de vender outras bebidas além de café. O meu instinto diz-me que deveríamos vender sumo de laranja, chá e água. Se duas pessoas saírem para tomar o pequeno-almoço juntas e uma não beber café, não vão querer estar em duas filas, por isso quem bebe café teria de sacrificar a qualidade e comprar o café onde também vendessem chá. Além do mais, não nos podemos esquecer que esta continua a ser uma nação de consumidores de chá!

CONCORRÊNCIA

Apesar de neste momento não existir nada em Londres semelhante ao nosso conceito, soube que duas outras empresas estão a abrir e que há uma grande conversa sobre isso no mercado. A Starbucks andou a ver, mas eles não têm mãos a medir com a expansão nos EUA.

estudo de mercado

Para fazer: e se começarem a aparecer cafés modernos em Londres antes de nós conseguirmos abrir? E se um grande concorrente norte-americano ou alguém com poder económico significativo abrir na esquina em frente à nossa? A minha resposta é que temos de abrir o mais rápido possível para estabelecermos uma presença e fidelizarmos o mercado antes de todos os outros. Se alguém abrir, devemos ser capazes de concorrer com eles com base na nossa imagem forte e na fidelidade à marca, que até lá deve ter sido estabelecida.

CONTABILIDADE

Número estimado de visitantes. Tenho números do sistema de transportes de Londres – 26.963 pessoas saem da estação de metro de Moorgate e, se estivermos bem visíveis e atrairmos dez por cento deles, isso equivale 2.600 pessoas!!! Se a Marks & Spencers vendeu 3,5 milhões de sandes o ano passado na Moorgate a uma média de 13.500 por dia, deve haver um volume de 800 pessoas a entrar naquela loja! Todos os fornecedores com quem falei dizem que nós devemos vender um MÍNIMO de 400-500 chávenas de café por dia.

Seja como for, o meu contador de pessoas a pé deve ajudar-nos nisto.
S.

Regra #28:
A Regra dos 80:20

No entanto, uma vez feito o estudo apostamos que, tal como aconteceu connosco, ainda existirá uma pergunta a pairar na sua cabeça. Antes de se comprometer total e absolutamente com a sua ideia, de deixar o seu emprego e mergulhar de cabeça, vai querer saber:

> **Como é que posso ter cem por cento de certeza que a minha ideia irá funcionar?**

Nós podemos responder a esta pergunta por si: não pode. Haverá sempre muitas perguntas sem resposta.

Nós defendemos a regra dos 80/20: desde que domine 80 por cento das questões, pode deixar 20 por cento sem resposta. O seu instinto irá ajudá-lo a perceber os outros 20 por cento de que precisa à medida que avança.

Quando chegámos ao fim da nossa fase de estudo, ainda tínhamos algumas perguntas sem resposta. A maior de todas era, por acaso, bastante importante...

QUE NOME IREI DAR AO MEU NEGÓCIO?

Todos os empreendedores são colocados perante a pergunta óbvia e inevitável: que nome irei dar ao meu negócio? No retalho, onde a marca é fundamental, esta decisão é ainda mais importante. Nós só descobrimos o nome Coffee Republic em Março de 1995 e levou-nos quatro meses a encontrar. Isso não foi problema, uma vez que o tempo dedicado a encontrar o nome certo é tempo bem gasto.

Tendo isso em mente, aqui estão algumas sugestões recolhidas da nossa experiência para encontrar um nome. Pensamos que um nome deve realmente condensar todos os sentimentos práticos do seu negócio. Deverá dar aos seus clientes uma indicação dos benefícios que oferece, tanto a um nível prático como afectivo.

"Embora a sua estratégia deva ser a razão principal do seu sucesso, um bom nome tem tendência a proteger a sua empresa da infiltração da concorrência no seu território. Um mau nome, por outro lado, é um grande problema."

AL RIES, o autor do livro *Focus*

COMO ENCONTRAR UM NOME

Talvez uma boa maneira de encontrar um nome seja começar por tomar algumas notas em forma de lista. Comece pelas vantagens práticas que o seu produto irá fornecer:

- ◆ É mais barato?
- ◆ É melhor?
- ◆ É mais conveniente?
- ◆ Oferece um benefício especial novo?

Depois escreva os valores que um cliente deverá associar a si quando ouve o seu nome:

- ◆ Mais experiência.
- ◆ Melhor produto.
- ◆ Uma boa relação qualidade/custo.
- ◆ De confiança. Estar na moda.

qualquer um consegue

A denominação do seu negócio tem um papel muito importante, especialmente no início, antes de ter estabelecido um diálogo e uma reputação junto dos clientes. Deve transmitir uma ideia do que a sua oferta virá a ser e deve captar o "carácter" do seu negócio.

Nós simplesmente não conseguíamos descobrir um nome que fizesse justiça ao conceito que imaginávamos. Era uma questão-chave e, contudo, não tínhamos solução. Debatemos uma série de nomes, mas nenhum parecia certo. Foi um período frustrante.

Quanto tudo estava pronto e acabado, o nome de que nos lembrámos foi Java Express. Escrevemos mesmo o nosso plano de negócios e angariámos financiamento como Java Express. Mas, sabe que mais? No nosso coração, sempre soubéramos que Java Express não era o nome certo.

O nome deve:
- Dizer imediatamente ao cliente de que é que se trata, ou seja, café!
- Demonstrar a nossa dedicação à experiência perfeita de tomar café.
- Dar a sensação que entrou num mundo de marca, onde tudo é consistente.
- Dar aos clientes uma sensação de experimentarem um "luxo acessível".
- Transmitir o facto de ser um novo conceito entusiasmante, ou seja, a nossa escolha abrangente.
- Destacar-se na rua principal e ser diferente das lojas que vendem sandes tradicionais.
- Ser suficientemente apelativo para chamar à atenção.
- Ser um nome que possa utilizar na sua vida diária.
- Ter estilo e ser moderno, mas não demasiado elitista ou dirigido apenas a um nicho.
- Ser para todos os que queiram um bom café!

COMO ENCONTRAR O NOME "AHA"!

1. Tenha em mente a procura de um nome ao longo da fase de estudo, quando está mais criativo. Como nesta altura anda no terreno, vai estar a pensar passivamente nisso e pode ter uma surpresa quando uma boa ideia lhe aparecer de repente.

2. Faça *brainstormings* com os seus amigos. Os nossos amigos sugeriram nomes esquisitos como "Che Guevara Coffee" ou "Has Bean". Nem sempre recebe deles conselhos preciosos, mas nunca é uma perda de tempo.

3. Veja nas Páginas Amarelas os nomes de outros negócios. Não será possível copiar algum deles, mas fica com uma ideia geral e também irá aprender o que não fazer.

4. Veja também nas listas telefónicas norte-americanas (especialmente dos Estados menos conhecidos). Por acaso até os pode copiar.

5. Dê uma vista de olhos em revistas de estilos de vida/moda. Pode encontrar bom material sobre o qual reflectir e por vezes poderá saltar à vista um cabeçalho ou uma combinação de palavras.

6. Faça *brainstorming* consigo próprio e um bloco de notas. Escreva e anote tudo o que lhe vier à cabeça, meia hora por dia. Comece simplesmente por anotar tudo o que conseguir imaginar, por muito louco que pareça!

7. Assim que tiver encontrado o nome "aha!", durma sobre o assunto, experimente-o noutras pessoas e veja a reacção delas. Se ainda for bom na manhã seguinte – então já encontrou um nome!

qualquer um consegue

Enquanto procurávamos um nome, existiu uma fonte de pressão. Precisávamos de registar uma determinada empresa e queríamos registá-la logo com o nome certo. Voltámos à City Business Library e lembrámo-nos de folhear as listas telefónicas de vários locais nos EUA, como o Minnesota e Seattle, para nos inspirarmos. Convidámos um grupo de amigos para fazer *brainstorming*. Resumidamente, fizemos tudo o que sugerimos que faça… sem resultado! Mas um dia ficámos presos no trânsito à porta da estação de metro de South Kensignton. Ambos nos lembramos do momento exacto:

> *"Bobby, a questão do nome é que deve mostrar aos clientes que anda tudo à volta do café. É como entrar no país do café, onde tudo tem a ver com a tua experiência de beber café. Mundo do café… COFFEE REPUBLIC*…"*

Sahar olhou imediatamente para Bobby e sabia que tinha acertado "na *mouche*". Ele deu-lhe imediatamente a resposta: "É isso!" Foi o momento "aha!", instintiva e instantaneamente ambos sabíamos que o nome Coffee Republic representava todos os aspectos da alma do negócio que tínhamos imaginado. Chegámos a casa e telefonámos imediatamente a três amigos e todos confirmaram a nossa convicção de que o nome estava certo. De facto, foi "na *mouche*"; com a vantagem de sabermos que era definitivamente o nome certo. Cinco anos depois, estava na lista do *Financial Times* como uma das cinco marcas que representam a Nova Grã-Bretanha**.

E, quanto ao estudo, é tudo! Na verdade, a sua fase de estudo nunca estará oficialmente terminada, pois existe sempre mais a aprender sobre o seu negócio. A dada altura, tem simplesmente que dar-se o salto.

> *"Salte e a rede irá aparecer!"*

Julia Cameron

---

* **N. T.** "República do Café".
** **N. T.** No original, *New Britain*.

4 escrever o plano de negócios

TRANSFORMAR A IDEIA NUM NEGÓCIO

À medida que chega ao fim do seu estudo e desenvolveu cada vez mais convicção relativamente à sua ideia, precisa de se perguntar "como é que vou transformar esta ideia num negócio?" Chegou a um ponto em que precisa de se sentar e escrever um plano de negócios.

Esta é a altura em que irá passar do mundo da recolha de informação e de imersão na sua ideia para delinear, sistematicamente, um plano passo a passo do processo, através do qual irá tornar a sua grande (mas abstracta) ideia num negócio que está vivo, que respira e está em funcionamento.

É a altura para acrescentar organização ao entusiasmo, que até agora fora suficiente para o motivar.

SERÁ QUE TEM DE FAZER UM PLANO DE NEGÓCIOS?

Sim. Não o fazer seria como construir uma casa sem uma planta.

É verdade que Bill Gates e Paul Allen não escreveram um plano de negócios para o primeiro produto da Microsoft, mas eles também não fizeram qualquer estudo de mercado. São a excepção e não a regra. Dois em cada três pequenos negócios começam sem um plano de negócios e a mesma percentagem falhará passados cinco anos. Isso não acontece por acaso.

Por que é que ter um plano de negócios não é opcional?

Regra #29
É a sua receita para o sucesso

As palavras "plano de negócios" afugentam aqueles que são menos virados para o negócio, por causa dos aspectos intimidantes e técnicos a que associamos estas palavras. No entanto, não receie. Não vamos falar de ciência espacial. Os planos de negócios são apenas uma lista formal dos seus objectivos e um mapa que ilustra como é que planeia atingi-los, além de um orçamento para o fazer.

Se, mesmo assim, parece desanimador, encare-o desta forma. Se vai de férias, não acorda uma manhã e diz "pronto, vou para fora duas semanas. Para onde é que vou?" O que faz (e já fez isto antes) é organizar-se três meses antes do dia da partida. Pensa sobre onde é que há-de ir, pensa em quanto irá custar, decide quanto dinheiro tem para gastar, faz reservas e tudo o mais. Então, quando chega o grande dia, está pronto para sair da cama e ir embora.

Se alguma vez já organizou e foi de férias, sabe escrever mais ou menos um plano de negócios. De facto, se alguma vez organizou algum evento que exigisse previamente uma combinação de planeamento e orçamento (dar uma festa pode ser outro exemplo), então já tem experiência de planeamento de negócios onde se basear. Um plano de negócios não é mais do que uma receita para o seu negócio.

escrever o plano de negócios

Regra #30
É um armazém de ideias estruturado e os armazéns precisam de estrutura

Até agora, construiu a sua dinâmica a partir de uma combinação de compromisso, entusiasmo e estudo. Tem andado numa torrente de observações, factos, detalhes e pensamentos que muito provavelmente estarão dispersos pela sua cabeça. É provável que saiba tudo o que há para saber sobre o negócio que propôs, mas o seu conhecimento ainda tem pouca forma ou feitio. Por outras palavras, tudo o que fez até agora precisa de ser organizado, para que possa tornar-se útil. O plano de negócios é o sistema de ficheiros que impõe à sua ideia.

Os sistemas de ficheiros, como os planos de negócios, não parecem entusiasmantes, mas, seja em casa ou no escritório, se alguma vez precisar de encontrar alguma coisa com urgência e não fizer ideia de onde está, então irá perceber o quanto são importantes. Eles são o que transforma a informação dispersa em informação que pode ser usada.

No seu plano de negócios, vai reunir todas as ideias dispersas e informação que recolheu e passá-las para o papel. Ao escrever tudo, as suas ideias irão tornar-se mais transparentes e o negócio começa a tomar uma forma real. Para além disso, vai encontrar e ser forçado a lembrar-se de todas as coisas que já esqueceu ou passou por cima.

> *"Se não o consegue escrever, não o conhece".*

É melhor escrever o seu plano de negócios quer durante como imediatamente a seguir à fase do estudo, porque é nessa altura que estará mais criativo e informado quanto à sua ideia e ao mercado. Vai estar fresco e entusiasmado, por isso irá apontar todos os seus pensamentos e planos sem esquecer nada, o que poderia acontecer se deixasse este exercício para mais tarde. Outra vantagem é que, à medida que o tempo passa, irá descobrir que vai estar cada vez mais imerso nos pormenores do dia-a-dia inerentes ao início do seu negócio. É nessa altura que lhe vai saber bem recorrer ao plano de negócios para se lembrar por que é que está a ter todo este trabalho árduo!

O plano de negócios mantém-no no caminho certo e repõe o seu entusiasmo e visão relativamente ao seu negócio se alguma vez sentir (e às vezes irá sentir!) que está tudo a ser de mais.

Regra #31
Um plano de negócios é o seu cartão de visita.
Dá-lhe credibilidade no exterior

Um dos principais motivos pelos quais precisamos de um plano de negócios é para que seja um meio de vendas para angariar financiamento. Mas não confunda o negócio com o plano de negócios. Nas palavras de Arthur Rock, o grande investidor de capitais de risco que vê 300 planos de negócios por ano: "Boas ideias e bons produtos há para vender e deitar fora. Boa execução e boa gestão – numa palavra, pessoas de qualidade – são raras. Dizendo-o de outra maneira, ter estratégia é fácil, mas tácticas – as decisões necessárias para gerir o negócio dia-a-dia e mês a mês – são difíceis. É por isso que eu normalmente presto mais atenção às pessoas por detrás dos planos de negócios do que à proposta em si."

A lenda do mercado das *dot.com* diz que houve milhões que foram angariados com base em cálculos escritos à pressa num guardanapo da British Rail! Um plano de negócios teria sido melhor, como talvez muitos investidores estejam agora a descobrir à sua custa.

QUEM DEVE ESCREVER O PLANO DE NEGÓCIOS?

Lembre-se da nossa regra para o estudo de mercado no capítulo anterior. Tem de fazê-lo. A mesma regra volta aqui a aparecer. Escrever o plano de negócios é o seu trabalho. E os motivos para isso também são praticamente os mesmos de antes.

Deve conhecer o produto e o mercado melhor do que ninguém. Porque é quem tem o entusiasmo e o compromisso, isso irá transparecer no documento que escrever. Alguém que não seja tão íntimo da ideia não produzirá um plano de negócios tão convincente. Os documentos precisam de transmitir o entusiasmo e a energia do empreendedor e é pouco provável que isso aconteça se for escrito em seu nome por um consultor profissional.

De igual forma, tal como o estudo de mercado, a inspiração aparece quando está a trabalhar. O processo de escrita irá ajudá-lo a concentrar-se na sua visão e a dar início ao processo passo a passo de como irá transformar a sua visão em realidade.

Não precisa de ter competências especiais. Tudo o que necessita para escrever o seu plano de negócios já está na sua cabeça. Sahar, ao início, estava muito intimidada com a ideia de escrever o plano de negócios da Coffee Republic e preocupada com o facto de não ser capaz de produzir um plano eficaz sem conhecimento ou formação de negócios. Disse a Bobby para lhe dar um ano, para ir para a escola de ciências empresariais antes de começar a fazer o plano. Mas começou mesmo assim e cedo percebeu o compensador que era conseguir concretizar todos os pensamentos abstractos que tinha tido e reuni--los num documento concreto. O "armazém de ideias" provou ser bastante terapêutico!

Ela descobriu que, mesmo para as projecções financeiras (uma área bastante desconhecida e assustadora), não é obrigatório ter-se formação em investimentos para perceber como se faz. Ela já tinha reunido os números na fase de estudo de mercado, por isso tudo o que precisava era de um caderno, uma calculadora, muitos palpites e uma grande dose de trabalho.

Contudo, Sahar não o teria feito sem a orientação de Bobby na fase dos números. Por isso, se estremece quando se fala em números, pondere encontrar um profissional que os analise para si e o ajude a produzir um plano mais profissional. Outra boa ideia é trazer um parceiro financeiro para a sua empresa, um Bobby. Assim consegue ter alguém que está envolvido no seu negócio a trabalhar os números, mas alguém a quem não precisa de pagar.

O QUE DEVE CONSTAR DO SEU PLANO DE NEGÓCIOS?

Há tantos livros e guias sobre como escrever planos de negócios que não vamos identificar nenhum em especial. Mas existe uma forma simples que QUALQUER UM CONSEGUE para abordar um esboço de um plano de negócios.

> **UM PLANO DE NEGÓCIOS É UMA EXPLICAÇÃO MUITO PORMENORIZADA DE:**
> - ◆ O que planeia fazer
>   (a tal grande ideia que o apaixona).
> - ◆ Por que pensa que vai funcionar, tendo em conta o mercado, a concorrência e a procura dos clientes (lembra-se do estudo de mercado que fez? Expresse a sua convicção para convencer os outros aqui).
> - ◆ Por que é que é a pessoa certa para executar o plano de negócios e implementar este conceito (o seu CV e como propõe lidar com algumas lacunas da sua experiência).
> - ◆ Como é que o seu negócio irá fazer dinheiro? (os seus preços e volume de vendas são suficientemente elevados para cobrir todos os seus custos?).
> - ◆ De quanto dinheiro precisa para poder começar? (os custos iniciais e o capital de que precisa para manter o seu negócio a funcionar).

Vamos acabar este capítulo com uma cópia do nosso plano de negócios original. Começámos a escrevê-lo a 29 de Novembro de 1994, menos de um mês depois de termos discutido a nossa ideia pela primeira vez. Sim, algumas partes estão bastante desactualizadas mas, olhando para trás, foi um documento sincero e honesto que definiu de forma precisa a nossa visão original para a Coffee Republic, que antes tinha o nome de Java Express.

Mas a nossa última palavra sobre a fase do plano de negócios é esta: não perca demasiado tempo à procura da perfeição. Um negócio de sucesso no papel não se traduz necessariamente num negócio de sucesso no mundo real. Os grandes planos de negócios não se tornam necessariamente em bons negócios. Faça o melhor plano de negócios que conseguir, mas guarde a sua energia real para "arregaçar as mangas" e fazê-lo de facto.

PLANO DE NEGÓCIOS / VERSÃO RASCUNHO

I. EXPOSIÇÃO DE MOTIVOS

A Java Express é uma loja de café especializada em café *espresso* baseada numa vasta e criativa selecção de bebidas de café *espresso*. A Java Express oferece uma nova experiência de beber café ao criar um "contexto" para desfrutar especialidades de café e tornar o consumo de café um fim em si mesmo. Este conceito é diferente de qualquer outro existente no mercado de café no Reino Unido.

A Java Express oferece aos seus clientes não só *cappuccino* ou *espresso*, mas toda uma gama variada de receitas de *espresso* de elevada qualidade, com nomes como *caffee latte*, *caffee mocha* e *macchiato*. Estas bebidas são feitas e servidas por empregados de balcão especializados, que funcionam mais como *barmen* de *cocktail* especializados do que o empregado de café médio. Estes colaboradores irão elaborar estas bebidas misturando café *espresso* com leite aquecido ao vapor, espuma de leite, chocolate, sabores, ou natas batidas em várias quantidades, dependendo do tipo de bebida encomendada e o pedido específico do cliente. Como complemento à oferta de cafés, a Java Express irá também servir um sortido de chás, sumos, bolos, *muffins* e *bagels*.

O conceito da Java Express teve origem em Seattle e está actualmente a expandir-se com rapidez pelos Estados Unidos, através da expansão de centenas de cadeias de café especializadas, sendo a mais conhecida a Starbucks, também apelidada de "McDonalds dos Líquidos". A Starbucks expandiu-se de 17 estabelecimentos em 1987 para mais de 425 nos dias de hoje, e continua a expandir-se ao ritmo de duas novas inaugurações de cafés por semana. Mesmo assim, continua a haver lugar para pequenos estreantes no mercado. Por exemplo, uma cadeia de cafés sediada em Nova Iorque, fundada por um amigo, abriu a sua primeira loja em Março de 1993 e hoje, no espaço de dois anos, já tem 14 lojas e continua a expandir-se rapidamente.

qualquer um consegue

Até hoje, ninguém trouxe este conceito para o Reino Unido. Parece que as empresas norte-americanas que lideram este mercado estão muito ocupadas a expandir-se nos Estados Unidos para se concentrarem no mercado de cá. Por isso, há uma oportunidade para liderar a tendência no enorme mercado do Reino Unido – é esta a oportunidade que a Java Express pretende explorar.

O mercado de bebidas de café especializado do Reino Unido ainda é dominado pelas tradicionais lojas que vendem sandes que servem café medíocre – o ambiente está concentrado na comida e não no café. Contudo, a loja que vende sandes comum em Londres vende cerca de 500-600 *cappuccinos* por dia: por exemplo, o Ponti's em Covent Garden, que é uma loja de comida e não um café, consegue vender seis mil *cappuccinos* num sábado.

Mas os tempos estão a mudar e o domínio destes locais que vendem sandes italianas está rapidamente a diminuir, devido aos novos conceitos de comida a retalho como a cadeia Pret A Manger. Mas, até agora, ninguém ainda concorre com as lojas que vendem sandes no que diz respeito ao café.

Tem havido recentemente alguma cobertura pela imprensa à nova "loucura do café" no Reino Unido. A Costa Coffee, a única grande cadeia de cafés, consegue vender todos os dias 700 *cappuccinos* no período do almoço em Moorgate. Os quiosques de café também apareceram no centro de Broadgate e conseguem vender mil *cappuccinos* por dia. Em geral, a diferença entre beber chá e café tem vindo gradualmente a ser reduzida no Reino Unido – o café moído é considerado um dos sectores mais flutuantes do mercado de bebidas no Reino Unido.

Face ao tremendo potencial do mercado do Reino Unido e ao enorme sucesso deste conceito nos Estados Unidos, a Java Express está empenhada em estabelecer-se não só como mais um café, mas como a *marca* líder do conceito de lojas de café no Reino Unido.

Queremos enfatizar que qualquer restaurante ou café actualmente no mercado pode, de repente, decidir oferecer uma escolha mais variada de bebidas de *espresso* aromatizadas. Mas o que diferencia a Java Express da sua concorrência (incluindo a Aroma, por exemplo, que já tem um extenso menu de café) é que a Java Express oferece um "pacote" único – a combinação de todos os elementos da estratégia da empresa, que resultam numa experiência única para o cliente e cativam a sua fidelidade.

> Os elementos seguintes são os principais cinco pontos de oferta que diferenciam a Java Express dos seus concorrentes e promovem a fidelidade dos clientes. Estes elementos irão proteger a Java Express da proliferação de lojas semelhantes ao fenómeno norte-americano:
>
> 1. Elevada qualidade dos produtos oferecidos.
> 2. Um serviço superior ao cliente.
> 3. *Merchandising* e *marketing* originais.
> 4. Localização das lojas.
> 5. *Design* e atmosfera que se distingam.

A gestão da empresa foi estruturada para oferecer aos investidores confiança e uma gama de competências e de experiência necessárias para satisfazer as necessidades deste negócio.

Embora o enfoque da equipa de gestão a curto prazo seja implementar este conceito num espaço de retalho com aproximadamente cem metros quadrados, o objectivo a longo prazo é seguir uma estratégia de expansão agressiva, tanto nos mercados já existentes como em novos mercados, de forma a criar economias de escala e uma forte identidade de marca.

II. NEGÓCIO

A. PANORAMA & ESTRATÉGIA DA EMPRESA

A Java Express é um conceito de cadeia de lojas especializada que oferece uma vasta e criativa selecção de bebidas de café ao estilo italiano, em locais acessíveis e convenientes na City*. A Java Express oferece uma nova experiência de beber café, ao criar um "contexto" para desfrutar especialidades de café e tornar o consumo de café um fim em si mesmo. Este conceito é diferente de qualquer outro que existe no mercado de café no Reino Unido – baseia-se num conceito de cadeia de lojas especializada que teve origem em Seattle e está actualmente a expandir-se com rapidez pelos Estados Unidos. Estas lojas são muito diferentes dos cafés tradicionais de comida/café e concentram-se exclusivamente no café, oferecendo um extenso menu de variedades de café *espresso* de elevada qualidade com nomes como *caffee latte, caffee mocha* e *macchiato*.

O objectivo a curto prazo da empresa é implementar este conceito num primeiro estabelecimento de retalho com aproximadamente cem metros quadrados. A médio prazo, o objectivo da empresa é seguir uma estratégia de expansão agressiva, tanto em Londres como noutras grandes cidades do Reino Unido, de forma a criar uma forte identidade de marca. O objectivo da empresa a longo prazo é tornar-se a marca líder em lojas de café *espresso* no Reino Unido.

Gostaríamos de enfatizar que qualquer restaurante ou café actualmente no mercado pode, de repente, decidir oferecer uma escolha mais variada de bebidas de *espresso* aromatizadas. Mas o que diferencia a Java Express da sua concorrência (incluindo a Aroma, por exemplo, que já tem um extenso menu de café) é que a Java Express oferece um "pacote" único – a combinação crucial de todos os elementos da estratégia da empresa, que resultam numa experiência única para o cliente e cativam a sua fidelidade.

---

* **N.T.** Centro financeiro de Londres.

escrever o plano de negócios

Os elementos seguintes são os principais cinco pontos de oferta que diferenciam a Java Express dos seus concorrentes e promovem a fidelização dos clientes. Estes elementos irão proteger a Java Express da proliferação de lojas de café semelhantes ao fenómeno norte-americano.

1. *Elevada qualidade da oferta de produtos.* A Java Express está vocacionada para fornecer café de elevada qualidade. Os produtos oferecidos pela empresa irão ao encontro das necessidades dos seus clientes de bebidas de café de primeira qualidade, num ambiente de trabalho agitado. As receitas para as selecções de café e produtos alimentares são todas desenvolvidas com o objectivo de ter produtos distintos e superiores quando comparados com a concorrência. Apesar da imagem e vendas da Java Express serem orientadas pelo café, também oferece outros produtos que servem como complemento ao café, de forma a incentivar os clientes a fazerem várias visitas diárias.

2. *Serviço ao Cliente.* O objectivo da empresa é desenvolver uma abordagem de serviço ao cliente positiva e pró-activa, que resulte em clientes que fiquem satisfeitos quando visitam a Java Express. Uma vez que o conceito de café especializado é novo no Reino Unido, a empresa confia numa taxa elevada de clientes habituais e encara a qualidade da interacção do cliente com os colaboradores como essencial para o seu sucesso, em que os colaboradores desempenham um papel crucial ao informarem os clientes sobre a vasta gama de escolhas disponíveis. Através da ênfase na formação, no desenvolvimento dos colaboradores e nas compensações através da distribuição de lucros, a empresa tenciona atrair colaboradores bem qualificados, altamente motivados e empenhados em fornecer um nível superior de serviço ao cliente.

3. *Merchandising* e *Marketing.* A empresa irá implementar uma estratégia agressiva de *merchandising* e *marketing* concebida para criar e reforçar uma imagem de marca bem diferenciada, assente na qualidade dos produtos oferecidos. A empresa irá utilizar amplamente o logotipo da Java Express na apresentação inovadora dos seus produtos, embalagem e folhetos. Adicionalmente, os colaboradores irão oferecer aos clientes uma variedade de conceitos de *marketing* criativos, tais como amostras grátis do café "sabor do dia", cartões de cliente frequente e uma gama de material educativo sobre café, incluindo coloridos cartazes promocionais e *T-shirts*.

4. *Localização das Lojas.* Uma vez que a acessibilidade de um café é um elemento fundamental para atrair os clientes, a localização das lojas tem de ser um dos principais critérios na selecção do local. A nossa estratégia de selecção do local é abrir lojas em locais com muito tráfego, com boa visibilidade em áreas comerciais, de preferência não muito longe de outros estabelecimentos que vendem comida como a Marks & Spencers ou a Boots.

5. Design *e atmosfera das lojas.* A Java Express será desenhada de acordo com as linhas das lojas de café norte-americanas, com janelas do chão ao tecto, sugerindo uma sensação de sofisticação simples e asseada, com estilo, conforto, acolhedora e ecológica. Terão capacidade para acolher um grande volume de afluência, sem perder uma atmosfera informal e convidativa. Terão balcões encostados às paredes para quem permanecer em pé e um número limitado de lugares sentados. A distinção do *design* e da decoração da loja irão reforçar visualmente a diferença entre a Java Express e os seus concorrentes, fortalecendo ainda mais a imagem de marca da Java Express.

B. PRODUTOS OFERECIDOS

Embora o menu da empresa se concentre principalmente em café, irá também oferecer outra selecção de bebidas, e bolos e *snacks* que servem como complemento ao café.

1. Bebidas de Café

A Java Express oferece bebidas de café *espresso* de estilo italiano, tanto com cafeína como descafeinado, que incluem *espresso, caffee latte, cappuccino, caffee mocha* e *espresso macchiato*. Estas bebidas *espresso* combinam o café *espresso* com leite aquecido ao vapor, espuma de leite, chocolate, sabores ou natas batidas em várias quantidades, dependendo do tipo de bebida encomendada e do pedido específico do cliente. A empresa responde às preferências individuais oferecendo uma escolha de leite gordo, meio-gordo e magro. Todas as bebidas *espresso* estarão também disponíveis geladas, de forma a manter as vendas consistentes durante o tempo mais quente.

Os clientes poderão usar à sua vontade baunilha, cacau, pauzinhos de canela e noz-moscada para mexer o *cappuccino,* bem como diferentes açúcares e também mel como uma alternativa saudável ao açúcar.

2. Outras Bebidas
A Java Express irá oferecer as seguintes bebidas:

1. Chás: uma variedade de chás incluindo clássicos, sabores exóticos e chás de frutos.
2. Sumos de frutas frescos: laranja e uva
3. Água mineral: simples e com gás

3. Bolos para o Café & Snacks
A Java Express irá oferecer uma vasta selecção de pastelaria de elevada qualidade. Esta inclui bolos à fatia, *muffins, croissants* e *bagels* com queijo creme. De maneira a criar um nicho no mercado de *fast food* saudável, serão também oferecidos queques e bolos magros e de baixas calorias.

C. PREÇOS
A Java Express irá estabelecer um preço competitivo para o seu café e outros produtos, com os preços mais altos praticados a reflectir a elevada qualidade do café e o seu nível superior de serviço ao cliente.

São sugeridas as seguintes categorias de preço básico para o retalho. Irá cobrar-se extras aos clientes extra por especialidades, bebidas feitas a pedido e *shots* de *espresso* adicionais, dose extra de natas batidas e aromas:

- *Cappuccino* — 1.20 libras
- *Espresso* — 1,00 libras
- Chá — 0,60 libras
- Sumos — 1,00 libras
- Produtos de Pastelaria — 1,00 libras

Embora os preços relativos sejam mais elevados nas lojas de café norte-americanas, como por exemplo 1,89 dólares por um *cappuccino*, a empresa não acredita que possa cobrar mais por um *cappuccino* normal por duas razões: a) o mercado norte-americano é diferente, na medida em que os consumidores não se importam de pagar um extra para terem o factor de prestígio de comprar o seu café numa loja da especialidade; e b) a empresa está a apostar nos empregados de escritório do Reino Unido, que costumam estar conscientes do seu orçamento.

A empresa irá dar formação aos os seus colaboradores para maximizar as vendas – os clientes são activamente encorajados a experimentar novas combinações e a adicionar extras a uma bebida simples, como mais uma dose extra de café, sabores ou coberturas de natas batidas. Apesar de o preço da bebida básica ser competitivo, estes extras irão aumentar a margem de lucro das vendas.

D. *MERCHANDISING & MARKETING*

A estratégia de *marketing* da empresa é criar uma consciência de marca, encorajar compras experimentais educando os clientes sobre as selecções disponíveis e promover a frequência habitual, reforçando experiências positivas mediante a combinação de produtos da empresa e serviço agradável.

escrever o plano de negócios

A implementação desta estratégia irá incluir os seguintes elementos:
- Oferta de amostras de café, para permitir aos clientes experimentar o "sabor do dia" que, de outra forma, não escolheriam.
- Cartões "2 pelo preço de 1" que só podem ser usados em dias separados – para encorajar múltiplas visitas.
- Cartões de "Cliente Frequente". Estes terão dez espaços que serão carimbados de cada vez que o dono do cartão comprar um café. Quando o cartão estiver completo, o seu dono recebe uma bebida grátis.
- Material educativo (cartazes ou folhetos) sobre a qualidade do café, os seus benefícios e um guia para várias bebidas de *espresso*, e a declaração da missão da empresa – incluindo uma garantia de devolução do dinheiro.
- Serviço e *marketing* pró-activo dos colaboradores: formar colaboradores na preparação de bebidas e num serviço ao cliente entusiasta. Os colaboradores da Java Express estarão genuinamente "entusiasmados" com os conceitos de venda originais e irão promover e transmitir activamente este entusiasmo aos clientes.
- Entrega grátis nos escritórios das redondezas.
- As lojas Java Express terão logotipos nas janelas, toldos e paredes, que funcionam como cartazes publicitários nos locais de maior visibilidade das lojas.

Outro elemento crucial na estratégia de *merchandising* da Java Express é a apresentação única do seu produto através de chávenas *take-away* de elevada qualidade. Estas chávenas serão superiores às chávenas de plástico de baixa qualidade fornecidas pelas lojas que vendem sandes. Serão robustas, práticas e decoradas com o logotipo da empresa. As chávenas serão idênticas às utilizadas nas lojas de café norte-americanas e serão fornecidas pela mesma empresa. As tampas também serão únicas, permitindo ao utilizador beber sem tirar a tampa ou entornar a bebida. A empresa acredita que as chávenas são essenciais para criar a imagem de marca da empresa e reforçar a sua diferença em relação aos concorrentes.

Esperamos que o "passa palavra" e o movimento de pessoas a pé sejam suficientes para tornar as nossas lojas rentáveis.

E. SERVIÇO AO CLIENTE

A Java Express irá desenvolver o *marketing* interno de forma a recrutar, formar e motivar com sucesso colaboradores competentes para servirem os clientes com entusiasmo e para que entendam perfeitamente o impacto que têm na satisfação do cliente. O serviço ao cliente "americanizado" e a atitude dos colaboradores serão outro factor importante para distinguir a Java Express dos seus concorrentes e estabelecer a imagem de marca.

Todos os colaboradores terão formação com ênfase no conhecimento do café e preparação da bebida e devem agir como mensageiros do conceito de lojas de cafés de Seattle, para educar os clientes para uma nova cultura ao ajudá-los a escolher e ao recomendar entusiasticamente novas bebidas – especialmente porque o conceito de existir uma vasta escolha de bebidas *espresso* e preparação com base nas necessidades individuais dos clientes (por exemplo tipo de leite) é novo no Reino Unido.

Todos os colaboradores estarão vestidos com uniformes modernos, divertidos, mas limpos e com ar saudável. Irão consistir inicialmente em *T-shirts* atractivas com as cores da empresa e o logotipo, e calças de ganga.

F. *DESIGN* DAS LOJAS

A Java Express será desenhada de acordo com as linhas das lojas de cafés norte-americanas, com janelas do chão ao tecto, sugerindo uma sensação de sofisticação simples e asseada, com estilo, conforto, acolhedora e ecológica.

Terão capacidade para acolher um grande volume de afluência, sem perder uma atmosfera informal e convidativa. Terão balcões encostados às paredes para quem permanecer em pé e um número limitado de lugares sentados. A distinção do *design* e da decoração da loja irão reforçar visualmente a diferença entre a Java Express e os seus concorrentes, fortalecendo ainda mais a imagem de marca da Java Express.

A empresa já contactou a Househam Henderson Architects para dar um orçamento dos custos relativamente ao *design* da loja e despesas com o equipamento.

G. ESCOLHA DO ESPAÇO E LOCALIZAÇÃO

A estratégia da Java Express para a escolha de espaços é abrir lojas em locais com muito movimento e boa acessibilidade, onde os clientes raramente tenham que se desviar do seu caminho mais do que dois quarteirões para beber café. A localização ideal são zonas de escritórios ou áreas de retalho densamente povoadas. De maneira a captar e a servir uma grande quota de mercado, a Java Express irá estabelecer um número de lojas próximas, em vez de apenas uma loja-alvo e que os clientes tenham de se desviar do seu caminho para frequentar.

A Java Express tem um critério específico de selecção de espaços. A empresa prefere localizar-se perto de uma estação de metro de grande afluência ou no caminho da estação de metro. Como alternativa, a localização tem de ser perto de grandes comerciantes de retalho, como por exemplo a Marks & Spencers ou a Boots.

Ao considerar um potencial local a empresa estuda uma área de dois quarteirões, por acreditar que irá buscar a maioria dos seus clientes dentro dessa área. Esta representa a área de mercado na qual a empresa acredita que a Java Express compete.

H. PRODUTOS
- Café
- Outros produtos

I. FUNCIONAMENTO E GESTÃO DAS LOJAS

A loja irá ter uma equipa composta por um gerente de loja, que irá trabalhar a tempo inteiro, e dois colaboradores pagos à hora que irão trabalhar em *part-time*. A empresa prevê que em todas as alturas do dia será necessário ter apenas dois colaboradores – um para receber os pedidos e o dinheiro, e outro para estar na máquina de café.

Todos os colaboradores terão de usar uniformes da Java Express.

O horário de funcionamento será das 7h00 às 18h00; cinco dias úteis por semana.

III. MERCADO

Em termos de estudo de mercado para o conceito da Java Express, considerámos relevantes os dois seguintes mercados:
1) O mercado de *Fast Food*
2) O mercado de café no Reino Unido

1) O MERCADO DE *FAST FOOD*

As actividades da Java Express encaixam-se no mercado de *fast food*. As tendências gerais e os desenvolvimentos recentes neste mercado indicam condições favoráveis para o estabelecimento do conceito da Java Express. Que são, resumidamente:

   I)   A dimensão do mercado e o seu potencial de crescimento
   II) As novas tendências e desenvolvimentos recentes no sector
   III) As grandes oportunidades para pequenos jogadores inovadores
   IV) A loucura do café
   V)   A mudança nos hábitos alimentares

escrever o plano de negócios

I) A dimensão do mercado e o seu potencial de crescimento

O comércio de *fast food* no Reino Unido constitui um sector significativo no mercado da restauração, correspondendo a 34 por cento, com vendas a retalho na ordem dos 4,7 mil milhões de libras em 1993.

Durante o período de 1988 a 1993, o mercado cresceu 32 por cento. As previsões gerais para o sector de *fast food* no Reino Unido são especialmente promissoras e o mercado deve beneficiar com as tendências crescentes para a comida rápida e aumento dos hábitos de comer fora de casa. Está previsto que este sector tenha um crescimento de quatro por cento, passando dos 4,7 mil milhões de libras em 1993 para 5,7 mil milhões de libras em 1998.

No mercado de *fast food*, a Java Express procura servir o sector das sandes. É nas lojas de sandes que a maior parte dos habitantes de Londres compra o seu café para levar. O sector das sandes é o maior no mercado de *fast food*, com vendas estimadas para 1993 de 1,5 mil milhões de libras e uma quota de mercado de 32 por cento, muito superior à dos hambúrgueres, com 18 por cento, e das *pizzas*, com 14 por cento. De acordo com a British Sandwich Association, os consumidores compram mais de 40 milhões de sandes por semana. Só o mercado de Londres representa aproximadamente 350 milhões de libras. Numa base diária, as lojas que vendem sandes têm mais clientes do que a McDonald's, a Burger King, a Pizza Hut e a Pizza Land em conjunto.

II) Tendências e desenvolvimentos recentes no sector das sandes

O sector das sandes há muito que é dominado pelas lojas que vendem sandes tradicionais, que também servem bebidas, incluindo café. Há mais de três mil lojas que vendem independentes em Londres. Contudo, nos últimos cinco anos tem havido uma nova tendência de mercado. O seu domínio tem começado a sofrer cada vez mais pressão de lojas do género da Boots e a Marks & Spencers, que iniciaram negócios de venda de sandes extremamente bem sucedidos. Estas lojas da Marks & Spencers em Moorgate vendem aproximadamente 3,5 milhões de sandes por ano.

Esta tendência de mercado é muito favorável à Java Express. Uma vez que estas grandes superfícies não servem café ou qualquer outro tipo de bebida quente, existe agora um conjunto de clientes que têm de ir a outro sítio beber café. Estes clientes iriam preferir obviamente uma loja de cafés especializada e evitar filas em locais onde também se serve comida. É este o nicho que a Java Express tenciona explorar.

III) As oportunidades para pequenos jogadores inovadores

O mercado testemunhou recentemente o enorme sucesso de uma nova entrada no sector, a Pret a Manger. Esta cadeia abriu 27 filiais nos últimos quatro anos e duplicou as suas receitas para dez milhões de libras em dois anos. Para abrir a sua primeira loja em Holborn, em 1990, a Pret a Manger obteve um empréstimo bancário de cem mil libras. Foi previsto que recuperariam o investimento em seis meses e que pagariam em cinco anos. Eles recuperaram o investimento ao terceiro dia de funcionamento e pagaram o empréstimo em 15 meses. Desde então recorreram ao banco 14 vezes e excederam sempre as suas projecções.

O enorme sucesso da Pret a Manger tem duas vantagens para a Java Express. Primeiro, proporcionou uma maior e mais perigosa ameaça às lojas que vendem sandes tradicionais. Segundo, a sua rápida expansão indica o quanto flutuante o mercado é e indica que ainda há espaço para o pequeno jogador inovador.

Outro factor importante a considerar é que, apesar das novas tendências, as lojas que vendem sandes tradicionais sofreram um declínio na sua quota de mercado, embora o seu nível de vendas real não tenha diminuído. Isto enfatiza o enorme potencial dentro deste mercado.

IV) A loucura do café

Um artigo recente do jornal *Independent* referiu-se à recente "loucura do café" no Reino Unido e à florescente sociedade do café e a como os "britânicos redescobriram os prazeres dos grãos arábicos". Um artigo recente do *Financial Times* sobre a Espresso a la Carte referiu-se ao potencial do *franchise* de quiosques de café *espresso*. Um artigo da *Time Out* explica a criação das bebidas ao estilo de Seattle. Este interesse recente da imprensa coincide com o sucesso das seguintes lojas especializadas:

A maior cadeia de *outlets* que vendem apenas café são as Costa Coffee Boutiques, geridas pelos já estabelecidos fornecedores de café Costa Brothers. A Costa tem 14 filiais em Londres, a maior parte em estações de metro e da British Rail e têm uma presença importante nos aeroportos. A Costa Coffee na Liverpool Street vende uma média de 700-800 chávenas por dia, só durante o período de almoço.

A Aroma, outra cadeia nova de comida/sandes com maior ênfase no café, também tem tido sucesso nos últimos anos com as suas cinco filiais. Abriu uma filial na livraria Books Etc em Charing Cross, seguindo as tendências actuais nos Estados Unidos de colocar lojas de café nas livrarias.

A Espresso a la Carte introduziu em Londres o conceito de café de Seattle. Tem três quiosques em Broadgate Centre e também em Victoria Station – os seus três quiosques em Broadgate vendem cerca de mil bebidas *espresso* por dia. Um artigo recente do *Financial Times* estimava as receitas anuais de quatro quiosques em aproximadamente 1,5 milhões de libras.

V) *A mudança dos hábitos alimentares*
Os relatórios sobre o mercado indicam que a tendência geral é para comer e petiscar entre refeições. Com a diminuição das refeições em família, tem havido uma maior exigência de comida rápida.

Também há referência a relatórios sobre o consumidor de *fast food* com preocupações de saúde.

2. O MERCADO DE CAFÉ NO REINO UNIDO

A maior parte dos números refere-se a vendas a retalho do sector do café, em vez de a vendas de bebidas de café. Apesar de isto não ser directamente relevante para as actividades da Java Express, e sentimos que este é o barómetro mais preciso sobre as preferências do consumidor.

O café é o maior bem de consumo exportado, a seguir ao petróleo. O Reino Unido tem o mais baixo consumo de café *per capita* da União Europeia. Apesar de o consumo no Reino Unido estar a aumentar de forma constante, a área para crescimento futuro é ilustrada através de uma comparação com o consumo de café noutros países:

- Reino Unido   2,6 kg de café *per capita* por ano
- Estados Unidos América   4,3 kg de café *per capita* por ano
- França   5,7 kg de café *per capita* por ano
- Finlândia   13,3 kg de café *per capita* por ano

(Números retirados do Relatório da Organização Internacional do Café)

O consumo de café está dividido em dois sectores: a) instantâneo e b) verdadeiro (ou seja, grãos inteiros ou café moído). O café instantâneo representa 91 por cento do consumo total de café no Reino Unido. O Reino Unido tem a taxa mais baixa de consumo de café verdadeiro na União Europeia, com 0.4 kg de café verdadeiro por pessoa. Isto comparado com a França, onde 90 por cento da população bebe café verdadeiro, com 4,4 kg de café verdadeiro por pessoa. Na Finlândia o consumo é de 10 kg de café verdadeiro por pessoa.

Mas, apesar de estes números serem baixos, tem havido uma tendência crescente de consumo de café no Reino Unido, com o volume de vendas a aumentar a um ritmo constante de três por cento ao ano. Apesar de o chá ainda continuar a ser a bebida nacional, a diferença entre o chá e o café está a diminuir a um ritmo constante.

O aumento do consumo no Reino Unido tem-se verificado principalmente no mercado do café verdadeiro, enquanto que as vendas do café instantâneo mantêm-se inalteradas. O sector do café verdadeiro é um dos mais flutuantes no mercado das bebidas. A elevada actividade deste mercado tem atraído empresas europeias, indicando para além disso a dimensão do potencial de crescimento do mercado de café verdadeiro do Reino Unido.

A tendência de mercado indica que, com o aumento de viagens ao estrangeiro, os britânicos estão a tornar-se mais conscientes da qualidade do seu café. Isto também se reflecte no aumento de importações de grãos de café arábicos de qualidade superior e um decréscimo dos grãos *robusta* de menor qualidade.

Londres representa 25 por cento do total de consumo de café verdadeiro no Reino Unido e 40 por cento do total de consumo de *espresso* neste país. Sessenta e três por cento do café verdadeiro é bebido fora de casa, sobretudo no trabalho.

Mais indícios da tendência crescente para o consumo de café verdadeiro podem ser encontrados no recente sucesso do Whittards, retalhista de café e chá de elevada qualidade. Em quatro anos, expandiu de três para 32 lojas, com um volume de negócios de sete milhões de libras.

IV. CLIENTES

Os clientes-alvo da Java Express são empregados de escritório, com ou sem formação, abrangendo uma vasta faixa etária e de níveis de rendimento, que têm pouco tempo, mas que apreciam a qualidade elevada de uma experiência de café que normalmente não se encontra nas típicas lojas que vendem sandes.

qualquer um consegue

As lojas estarão localizadas para serem acessíveis a quem trabalha em escritórios, no seu caminho para o trabalho de manhã e/ou durante a hora de almoço, como quando vão almoçar ou fazer pequenas tarefas.

A empresa espera obter uma taxa de frequência assídua elevada, isto é, que a maioria dos clientes vá à loja mais do que uma vez por semana.

A empresa estima que 75 por cento dos seus clientes irão fazer pedidos para levar. Este número é confirmado com o exemplo da Pret A Manger, onde apenas 25 por cento dos clientes optam por consumir no local.

A empresa também pretende atrair o cliente com preocupações de saúde e de peso, oferecendo leite magro e com baixo teor calórico.

A empresa também irá procurar criar um nicho com clientes que se preocupam com o ambiente, através do *design* das lojas e das embalagens.

V. CONCORRÊNCIA

A empresa acredita que os principais factores competitivos no mercado de lojas de cafés especializadas são a qualidade dos produtos, serviço, reconhecimento da marca e localização das lojas.

A Java Express irá concorrer directamente com as lojas que vendem sandes e *outlets* de bebidas que servem café. Ao avaliar a área de mercado na qual cada loja irá concorrer, a empresa irá analisar um perímetro correspondente a dois quarteirões.

Actualmente, a concorrência da Java Express no mercado londrino de *fast food* de pequeno-almoço/almoço são:
1. ***Lojas tradicionais de comida/sandes***
   Cantinas/Restaurantes dos escritórios
2. ***Novos conceitos de lojas que vendem sandes***
   Pret a Manger
   Croissant Express e Croissant Shop
3. ***Lojas de cafés especializadas***
   Costa Coffee Boutiques
   Aroma
   Espresso a la Carte
4. ***Potencial concorrência***

Com a tendência crescente para as lojas de cafés especializadas nos Estados Unidos, é provável que o mercado inexplorado do Reino Unido atraia o interesse dessas lojas já estabelecidas nos EUA e de outros indivíduos que reconheçam a mesma oportunidade. De momento, as cadeias de lojas de cafés norte-americanas estão demasiado ocupadas com a expansão nos Estados Unidos para considerar a expansão no Reino Unido.

A Java Express planeia estabelecer-se como marca reconhecida de lojas de cafés antes que qualquer uma das maiores empresas dos Estados Unidos se expanda para o mercado do Reino Unido.

VI. EQUIPA DE GESTÃO

A estrutura da equipa de gestão fornece o seguinte conjunto de competências e experiências:
   a) Profissionalismo (ver abaixo os currículos).
   b) O conceito de lojas de cafés é um conceito norte-americano que tem de ser adaptado para o sensível mercado britânico. A composição cultural da equipa de gestão (um inglês e outro norte-americano) é única para lidar com esta adaptação e fazer a ponte entre as duas culturas.
   c) Finanças, gestão, empreendedorismo e competências legais.
   d) Contactos extensos com o mercado de lojas de cafés norte-americano.
   e) Uma combinação de atributos pessoais, incluindo iniciativa, ambição e determinação e integridade inquestionável.

Sahar Hashemi 27 anos, é advogada de formação com cinco anos de experiência em advocacia empresarial e comercial numa reputada empresa da *City*. Tendo trabalhado em locais de excelência na cidade ao longo de vários anos, a sua experiência em primeira mão dá-lhe uma noção completa das necessidades do mercado.

É responsável pelo *marketing*, operações, questões jurídicas e procura e arrendamento de locais para a empresa.

Babak Hashemi 31 anos, é consultor de formação na banca de investimentos, tendo trabalhado no Lehman Brothers em Nova Iorque. Tem um MBA da Dartmouth Collegue nos Estados Unidos e possui elevadas competências de gestão e empreendedorismo, combinadas com competências financeiras adquiridas na banca de investimento. Antes do seu MBA, estagiou como engenheiro na IBM e na General Electric, seguido de uma carreira em planeamento financeiro e de estratégia na Ultramar PLC, em Nova Iorque.

É responsável por toda a gestão financeira da empresa, incluindo finanças, orçamentos, contabilidade e gestão do capital.

A equipa de gestão está intimamente ligada ao CEO e fundador de uma cadeia de cafés de sucesso e em expansão nos EUA, com 20 filiais abertas em dois anos. O CEO desta cadeia de cafés forneceu-nos ajuda ilimitada através da sua experiência de montar uma operação de sucesso como esta e acreditamos que a nossa relação privilegiada será uma mais-valia preciosa para nós.

Desde que abraçaram este novo empreendimento, os Srs. Hashemi visitaram Nova Iorque duas vezes como parte do seu estudo, despendendo tempo considerável em vários cafés de Nova Iorque.

Nem Sahar Hashemi nem Babak Hashemi têm alguma experiência no sector de comida de retalho. Assim, a loja irá ser gerida por um gerente de loja a tempo inteiro com experiência suficiente em lojas de cafés.

Os colaboradores pagos à hora serão seleccionados com base na sua experiência a trabalhar com máquinas de café e no seu entusiasmo pelo conceito da Java Express. A empresa irá contratar entre um a dois colaboradores pagos à hora, dependendo dos volumes de dimensão e de afluência.

Todos os colaboradores irão frequentar um curso de dois dias de formação em café.

A equipa de gestão pretende atrair e motivar colaboradores da melhor qualidade, ao oferecer incentivos de distribuição de lucros aos nossos gerentes de loja, tornando-os, de facto, parceiros no sucesso e lucros da empresa.

VII. PROJECÇÕES FINANCEIRAS

Custos de Capital

A equipa de gestão espera arrendar e equipar um primeiro espaço de retalho com aproximadamente 80 metros quadrados. Segue-se um resumo dos custos de capital previstos:

- Custos de aluguer   29.500 (inclui 25 mil libras de depósito de aluguer)
- Equipamento das lojas   24.875
- Máquinas de café   4.982
- Equipamento   2.376
- Diversos   1.100
- Total   62.833

A equipa de gestão terá ainda de assegurar uma linha de crédito de 15 mil libras para os saldos de *cash flow* operacional para o primeiro ano. Esta linha de crédito será reduzida gradualmente ao longo do primeiro ano e não será necessária durante o segundo ano.

Vendas

As previsões são baseadas no desempenho de uma loja ao longo do ano. A equipa de gestão faz uma estimativa conservadora das vendas do primeiro mês com base em 200 visitantes por dia, aumentando gradualmente durante um período de 6 meses para uma taxa constante de 500 visitantes diários, resultando numa média anual de 413 visitantes por dia e 523 libras por metro quadrado. Durante o segundo ano, prevê-se que a média de vendas mensais exceda os 600 visitantes por dia.

Com base no estudo realizado, as cadeias de lojas de sandes em Londres vendem cerca de 500-600 *cappuccinos* por dia. O Ponti's em Covent Garden, que é um restaurante e não um café, vende seis mil *cappuccinos* só num sábado.

A Costa Coffee, a única cadeia de lojas de cafés, consegue vender em Moorgate 700 *cappuccinos* todos os dias, no período de almoço. Os quiosques no centro Broadgate conseguem vender mil *cappuccinos* por dia.

Oferta de Produtos

A equipa de gestão presume que 75 por cento dos visitantes irá pedir bebidas à base de *Cappuccino* e aproximadamente 25 por cento irá pedir Café *espresso* ou Chá. Além disso, aproximadamente 30 por cento dos visitantes irá também procurar bolos ou bebidas frias, como sumo de laranja.

Vencimentos

A equipa de gestão irá contratar um gerente de loja a tempo inteiro, que receberá 15 mil libras por ano, e dois assistentes por turnos pagos à hora, a quatro libras/hora.

Desempenho Financeiro

A loja tem previstas vendas de 130.655 libras um *cash flow* operacional de 15.909 libras, e um *cash flow* líquido (líquido de juros e impostos) de 7.483 libras.

O *cash flow* operacional gerado será de aproximadamente o dobro das despesas de juros mensais:

Margem Bruta	73 por cento
Cash flow Operacional / Vendas	12 por cento
Cash flow Operacional / Juros	200 por cento
Cash flow Operacional / Investimento	25 por cento

5 angariar financiamento para a sua ideia

TORNAR A SUA IDEIA NUM NEGÓCIO

Regra #32
Angariar financiamento é a primeira venda importante que tem de fazer

Até agora, o seu tempo foi gasto a convencer-se a si próprio da viabilidade do seu negócio. Estudou a sua ideia e formalizou-a num plano de negócios. Agora é a altura em que tem de usar a sua recém-adquirida convicção para realmente convencer os outros de que as suas perspectivas são boas e que, portanto, lhe darão o apoio financeiro de que precisa. Chegou ao ponto em que, pela primeira vez, tem de vender a sua ideia.

Não será fácil. Lembra-se dos planos de negócios das *dot.com* em guardanapos? Nós podemos garantir-lhe com alguma certeza que irá precisar de muito mais, se quiser ter sucesso na angariação de financiamento. Terá de ser organizado, persuasivo e muito persistente. A nossa fase de "angariação de financiamento" foi uma altura em que tivemos mesmo de ir buscar forças às nossas reservas de compromisso. Apresentamos-lhe algumas perguntas a que precisa de responder quando estiver a angariar financiamento.

De quanto vai precisar?

Quando tiver elaborado o seu plano de negócios e projecções financeiras como fizemos, irá descobrir que tem uma boa noção de quanto será necessário para fazer o lançamento do seu negócio.

Nós precisávamos de capital para:

I) Cobrir os custos da nossa primeira loja: o tipo de "despesa que só se faz uma vez na vida" de arrendamento, *design* e construção, e de abertura da nossa primeira loja. Nós estimámos que, numa propriedade de aproximadamente 80 metros quadrados, os nossos custos rondariam as 64 mil libras, e incluíam:

- Custos de arrendamento: 30 mil libras (incluindo um depósito de arrendamento de 25 mil libras).
- Obras na loja: 25 mil libras.
- Máquinas de café e equipamento: 7.400 libras.
- Diversos: 1.100 libras.

II) Capital disponível

Este era o dinheiro de que precisávamos para manter o negócio a funcionar no período de tempo inevitável entre pagar os fornecimentos, custos com colaboradores e prestações de empréstimos, e receber dos clientes. Uma vez que todos os nossos clientes pagam em dinheiro, nós tínhamos um "negócio de dinheiro", que podia significar que teríamos dinheiro a entrar desde o primeiro dia e, uma vez que não precisávamos de ter um grande *stock* de matéria-prima, as nossas necessidades de capital disponível eram relativamente pequenas. Calculámos que precisávamos de 15 mil libras de capital disponível para cobrir o nosso primeiro ano completo em funcionamento.

Por isso, no total, precisávamos de 90 mil libras para abrir a primeira filial da Coffee Republic.

Estes números eram estimativas informadas baseadas num cenário "típico". Ainda nem sequer tínhamos encontrado um espaço quando fizemos estes cálculos, por isso fizemos várias versões de proposta consoante os espaços, tendo de alterar as coisas de cada vez que não conseguíamos o local que tínhamos escolhido.

Regra #33
Encontre um bom equilíbrio entre ser conservador e ambicioso

Regra #34
Escreva um plano que consiga cumprir

O equilíbrio que pretendíamos manter era entre ser demasiado conservador nas nossas previsões, de maneira a que não tivéssemos de ir buscar mais dinheiro a curto prazo, e fazer uma proposta aliciante e viável o suficiente para atrair o financiamento que precisávamos. Consequentemente, optámos pelo meio termo. O nosso verdadeiro objectivo era "superar o nosso plano". Por outras palavras, tínhamos como objectivo vendas mais altas e custos mais baixos do que os projectados em papel.

Onde vai angariar o financiamento?
Um facto estranho sobre a angariação de financiamento é que, na verdade, é mais fácil conseguir grandes somas acima de um milhão de libras do que as pequenas quantias que a maioria das *start-ups* precisa.

Bobby tinha tido uma grande experiência em angariar milhões para os seus clientes da banca de investimento, mas, quando Sahar lhe falou da questão que pensou ser muito fácil para ele, ficou surpreendida por descobrir que Bobby não fazia ideia de como angariar 90 mil libras.

Regra #35
90 por cento das start-ups são financiadas pelo instinto, criatividade e fé dos fundadores

Deve olhar-se para a temática do financiamento não como problemas de negócio aborrecidos e fastidiosos, mas como desafios de *marketing*. Por isso, adoptámos uma atitude empreendedora na nossa abordagem à angariação de financiamento. Primeiro, fizemos alguma pesquisa. Lemos os capítulos relevantes de guias "como começar um negócio" (como por exemplo o *LloydsTSB Small Business Guide*) para encontrar uma forma de angariar as nossas 90 mil libras. A primeira coisa que estes guias nos aconselharam a decidir foi que tipo de financiamento era apropriado: empréstimo (um empréstimo bancário normal, onde paga juros em troca de pedir dinheiro emprestado), ou oferecer sociedade (ceder uma parte do seu negócio em troca de um investimento).

Cada tipo de financiamento tem as suas vantagens e desvantagens. Bobby sabia por experiência que, para uma *start-up*, ceder património tem muito mais desvantagens do que um empréstimo normal. Por enquanto, o seu negócio não tem muito valor, por isso não tem muito poder nas negociações e acaba por dar mais do seu negócio do que gostaria para conseguir o financiamento de que precisa.

Assim, decidimos que conseguir um empréstimo "simples" de um banco conhecido era a melhor opção.

O problema desta abordagem é que um empréstimo "simples" significa que o banco precisa de uma garantia que cubra o valor que lhe está a conceder e, uma vez que não tem bens para oferecer como garantia, a sua única opção é uma garantia pessoal. Nós queríamos evitar a todo o custo dar uma garantia pessoal, porque ambos acreditávamos verdadeiramente no que Sahar tinha aprendido como advogada: que "a definição de um fiador pessoal é um louco com uma caneta".

angariar financiamento para a sua ideia

Para tentar evitar isto, abordámos o dilema da falta de garantia de uma forma criativa e procurámos uma solução. No final, descobrimos no manual "How to Start a Business" o Sistema de Garantia de Empréstimo a Pequenas Empresas* que ajuda novos negócios que não conseguem obter empréstimos convencionais por falta de garantia.

No âmbito deste sistema, o DTI** dá garantia ao assegurar 70 por cento do empréstimo. Investigámos os pormenores e, para grande alívio nosso, descobrimos que nos podíamos candidatar. Assim, com os nossos problemas de garantia resolvidos, fomos aos bancos.

Como dissemos, tentámos os principais bancos. Por não termos qualquer relação pessoal com um em particular (apesar de termos uma ampla colecção de cartões de crédito por pagar) fomos a todos. Ficámos impressionados ao descobrir que cada filial de um banco tem as suas próprias regras; por isso, só porque é rejeitado numa filial de um banco importante, isso não significa que receba a mesma resposta noutra. Cada gerente tem o seu limite de crédito discricionário, portanto pode andar às voltas até receber tantas rejeições quantas conseguir aguentar.

Escrevemos aleatoriamente para todos os bancos importantes: Lloyds, Midland, NatWest, Barclays, Clydesdale, Royal Bank of Scotland. Telefonámos simplesmente para o 192 (número das informações) e pedimos ao acaso informações sobre várias filiais de diferentes bancos que nos vieram à cabeça: "Midland Bank na High Street Ken... Barclays na Fleet Street... Lloyds Bank na Strand..."

---

* **N. T.** No original, *Small Firms Loan Guarantee Scheme*.
** **N. T.** *Department of Trade and Industry* – Este departamento governamental britânico foi recentemente extinto e substituído pelo *Department for Business, Enterprise and Regulatory Reform*.

Regra #36
Esteja preparado para a rejeição e desilusão
À medida que éramos rejeitados por cada filial que contactáramos arbitrariamente, íamos simplesmente experimentar outra.

E de que é que isso nos valeu? No total, uma pilha imponente de papel, composta por 22 rejeições. Foi uma tarefa muito desmoralizante, à medida que os gerentes, um após outro, nos diziam que a nossa ideia não iria resultar!

Uns rejeitaram-nos com base na nossa carta de apresentação e no plano de negócios que tínhamos enviado, outros reuniam-se connosco e rejeitavam-nos depois de ouvirem a nossa apresentação. Ficávamos mais destroçados depois dos encontros pessoais, pois colocávamos grande entusiasmo e energia nas nossas apresentações.

Esperamos que estas respostas sirvam de consolo para qualquer empreendedor em potência contra a torrente de desinteresse e de cepticismo que irá receber:

- "Os ingleses nunca irão pedir cafés com nomes tão chiques."
- "Encontrei um *cappuccino* a 45 cêntimos na Fleet Street."
- "Vocês são demasiado inexperientes no mundo da restauração para o fazer funcionar."
- "Boa ideia, mas lamento. Não é para nós."
- "Já há muitas lojas que vendem sandes."
- "Vocês não fazem ideia do que já há lá fora."
- "Nós somos uma nação de bebedores de chá – o café é uma moda."
- "Não conseguimos entender em que é que vocês são diferentes de outro café qualquer."

angariar financiamento para a sua ideia

> Recebi um telefonema do --------------. Ele diz que nos rejeita com base em:
> 1. O empréstimo é demasiado elevado.
> 2. Esteve no espaço da Fleet Street e não gosta do sítio. É muito perto do Di Lietos e deveria ser mais acima.
> 3. O preço do *Cappuccino* é muito alto, uma vez que andou na Fleet Street e encontrou *cappuccinos* a 45 cêntimos!
>
> Basicamente, tal como te disse quando me encontrei com ele, não fiquei surpreendida. Ele tem vistas curtas. Foi para França esta tarde e tive a impressão de que ele só queria ter a secretária arrumada, isto é, não ter de se preocupar com mais nada durante uma das suas muitas férias.
>
> Vou telefonar ao -------------- no West Wend para tentar de novo.
>
> MIDLAND*, vou escrever um rascunho de resposta e depois envio para ti.

Estamos quase tentados a dizer que, se a sua ideia der origem a uma boa dose de rejeições, então já tem outra razão para acreditar que está no caminho certo!

Nunca se esqueça que é um pioneiro em águas inexploradas e que, se o que está a fazer fosse fácil, então todos o estariam a fazer também. É por ser difícil que é tão bom.

---

* N. T. Acrónimo de *Much Is Discussed, Little Agreed, Nothing Done* – "Discute-se muito, concorda-se em pouco, não se faz nada".

qualquer um consegue

Com pelo menos três rejeições só do NatWest, escrevemos ao senhor Lindop, o gerente da filial de Chancery Lane, pela duvidosamente boa razão de Sahar ter de repente decidido que, como ela andou na Law School de Chancery Lane, talvez este fosse o nosso banco da sorte. E não é que foi mesmo! Ou talvez tivéssemos trabalhado o suficiente para merecer o golpe de sorte que finalmente veio ao nosso encontro.

Por alguma razão desconhecida, o senhor Lindop quis dar-nos uma oportunidade. Dizem que não se deve julgar os outros pela aparência e ele foi a prova disso. A filial de Chancery Lane do NatWest é saída de um romance de Dickens; pequena, escura e com uma atmosfera antiquada e empoeirada. O senhor Lindop era um homem tímido e reservado, com uma aparência clássica e pálida; a última pessoa que alguma vez imaginaria a apoiar novas empresas que todos os outros rejeitavam. Quando imagina um "gerente de banco", acredite em nós, o senhor Lindop é a imagem que surge na sua cabeça!

Nós fizemos-lhe uma apresentação completa, até mostrámos o álbum de fotografias de Sahar em Nova Iorque, para lhe dar um sabor real do conceito. Ele era tão distante e glacial que nós não fazíamos ideia do que estava a pensar, mas havia nele uma sinceridade que nos agradou.

O sinal revelador (em retrospectiva) pode ter sido que ele foi o primeiro que não nos disse como a ideia não podia ser realizada. O senhor Lindop limitou-se a ouvir-nos com interesse.

Finalmente, a 27 de Março escreveu-nos a concordar na generalidade com o empréstimo.

O dilema agora era que o empréstimo estava dependente da sua aprovação do espaço e nós nem sequer tínhamos encontrado um! Ainda tínhamos pela frente uma barreira importante para ultrapassar. Era o dilema clássico do ovo e da galinha que reaparece muitas vezes durante a viagem empreendedora. Está sempre a alterar planos reais num contexto abstracto.

Mesmo assim, tínhamos conseguido com a bênção do senhor Lindop a nossa primeira, e talvez mais importante, venda. A Coffee Republic estava pronta para deixar o papel e colocar os pés no mundo real. Era mais do que nós e mais do que a nossa ideia.

Para angariar financiamento, utilizámos todas as competências que tínhamos aprendido no caminho do empreendedorismo até aquele ponto (entusiasmo, dedicação, energia, compromisso). Descobrimos que as folhas de balanço e as folhas de cálculo poderão ser a linguagem dos negócios, mas que é a sua personalidade que torna as palavras realidade e garante que terá sucesso.

FAX 27 DE MARÇO: 14H

ESTAMOS PRONTOS!!

----

6 implementação

TRANSFORMAR A IDEIA NUM NEGÓCIO

Se pensa que angariar financiamento para começar é difícil, então tente encontrar fornecedores! Mesmo que:

- tenha uma grande ideia,
- tenha escrito um óptimo plano de negócios,
- tenha aperfeiçoado a proposta de venda,
- quase se tenha matado a tentar angariar financiamento,
- tenha agora esse financiamento no banco,

...a verdade é que ainda não é um empreendedor. O desafio mais importante para se tornar num empreendedor apresenta-se agora à sua frente: tem de traduzir todas as suas excelentes estratégias em decisões e acções concretas que irão, de facto, construir um negócio. Transformar papel em "tijolos e cimento", por assim dizer. Esta é a fase de implementação.

Regra #37

O sucesso da sua ideia depende da qualidade da sua implementação

Para nós, isto significou a abertura do nosso primeiro café. É incrível como muitos empreendedores em potência chegam a esta fase e começam a trabalhar com a ideia errada de que o trabalho mais difícil está feito. Esta é uma armadilha particularmente comum para os empreendedores saídos dos MBA. Sem se perceber muito bem porquê, pensam que, por terem completado a fase da estratégia (um excelente plano de negócios, o financiamento, etc.), o resto se fará sozinho. Errado. A implementação é tão importante quanto a formulação da estratégia. E a qualidade da implementação é pelo menos tão importante e, por vezes, até mais do que a formulação da estratégia

> **É exactamente por isso que tem de ser você a implementar o seu plano de negócios e não deixar essa tarefa para outros.**

Implementar o seu plano de negócios não é a parte fácil! A implementação é o ponto em que descobre verdadeiramente, como empreendedor, de que é que é feito.

> *"A imagem do empreendedor como um grande inventor e um grande impulsionador, ou como um grande e ousado aventureiro, não se encaixa nos factos. A realidade é muito menos espectacular. De facto, no início o empreendedorismo revela-se um trabalho mundano e nada heróico. Há o empreendedor sem fonte de capital, sem competências sociais aparentes e sem uma boa ideia. Nenhum elemento respeitável da sociedade está sequer consciente dele, quanto mais pronto a ajudá-lo."*
>
> LAWRENCE STEINMETZ

implementação

Então, o que é que define um empreendedor de sucesso? Pensa que é a qualidade do estudo inicial? Ou talvez o rigor do seu plano de negócios? Ou os objectivos audaciosos que foram estabelecidos a longo prazo? Ou suspeita que seja a maneira como os fundos foram efectivamente angariados e a quantidade de capital que o negócio tem à sua disposição? A resposta não é nenhuma das anteriores! O empreendedor de sucesso é aquele que arregaça as mangas e suja as mãos; que trata pessoalmente de todos os últimos e mais pequenos detalhes relacionados com o negócio.

Existe uma boa analogia sobre escalar o Evereste que demonstra a diferença entre implementação e estratégia (ou seja, o que fez até agora).

> *"Uma estratégia de negócio simples assemelha-se ao mapa do Evereste. Chegar ao topo do Evereste é um desafio, não pela falta de mapas fiáveis, mas pela dificuldade da subida. Chegar ao cume requer, além de um mapa fiável, uma determinação excepcional, resistência e capacidade para tomar decisões sob condições difíceis."*
>
> AMAR BHIDE, *The Origin and Evolution of New Businesses*

Embora o seu plano de negócios e a sua visão o ajudem a direccionar o seu esforço, construir realmente o seu negócio com sucesso requer capacidade para executar essa estratégia. Estes são os motivos da importância da implementação e por que é que tem de ser você mesmo a executar a sua ideia.

Regra #38
A qualidade da sua implementação é o que irá fazê-lo destacar-se da concorrência

Isto é algo que ninguém pode copiar! Se pensar bem, qualquer um pode copiar a sua estratégia. Acaba sempre por partilhar o seu conceito com outros e, por isso, pode chegar facilmente às mãos da concorrência. Partindo do princípio que a concorrência irá seguir a mesma estratégia em termos gerais, então o seu sucesso será determinado pela qualidade da sua implementação.

Entrámos num negócio onde as barreiras para entrar eram muito baixas. Qualquer um podia copiar o nosso menu de café, as nossas chávenas de *take-away* ou mesmo o nosso *design* (e muitos fizeram-no). Mas o que realmente nos distinguiu foi que entregámos consistentemente em cada experiência do cliente aquilo que nos tínhamos proposto oferecer. Assim, as nossas únicas barreiras verdadeiras para entrar residiam na qualidade da nossa implementação. A qualidade da implementação é a maior garantia de segurança que pode ter contra a potencial concorrência, porque ninguém consegue copiar a qualidade da sua abordagem individual única!

Regra #39
Continua a remar contra a maré

Lembre-se do compromisso e determinação de que precisou para atravessar o campo minado de dúvidas, obstáculos e recusas, primeiro relativamente a si próprio, depois aos seus amigos, depois aos gerentes dos bancos. Bem, isto torna-se ainda pior na fase de implementação com todos aqueles que espera que apoiem o seu negócio: fornecedores, agentes do retalho, colaboradores, *designers*, arquitectos. Pode pensar que com uma óptima ideia e um livro de cheques na mão eles irão competir pela sua atenção. Errado!

Os seus planos irão ser recebidos com um grau considerável de cepticismo por todas as forças que já existem no mercado. Por natureza, os inovadores fazem abanar a ordem estabelecida e nenhuma ordem estabelecida considera que precisa de ser abanada. Também não poderá ser muito sensível, porque, se tiver sorte, muitos lhe dirão que a sua ideia não vai resultar. Se tiver azar, serão ainda mais cruéis e irão dizer-lhe simplesmente que a sua ideia é estúpida. O paradoxo extraordinário é que eles iam beneficiar muito se o seu negócio funcionar.

Um fornecedor contou-nos mil e uma histórias sobre outros empreendedores que fracassaram na área do café (em vez de nos fazer uma apresentação das suas máquinas). Tendo sido inundados por um constante desencorajamento

implementação

durante duas horas, sentimo-nos com vontade de nos atirar da ponte de Londres, convenientemente localizada junto do seu *showroom*.

Lembramo-nos de nos sentar em frente de fornecedores de café (o que é que eles ganham com isto?) que nos tentavam convencer de como estávamos errados e de como as lojas de café nunca iriam resultar. De facto, os fornecedores de café foram os mais desmoralizadores de todos. A sua atitude é verdadeiramente incompreensível!

O único que pode navegar com segurança nestas águas desconhecidas e com muita ondulação é você. Será visto como "não convencional" e terá de ser você a reunir a determinação e a concentração necessárias para manter tudo a andar para a frente. Já pode imaginar que, se se limitasse simplesmente a contratar alguém para fazer o "trabalho de sapa" por si, é provável que ele ou ela nunca conseguisse ultrapassar os obstáculos e as barreiras que iria encontrar pelo caminho. Este tipo de resistência precisa de doses fortes de persistência empreendedora e de determinação para ser ultrapassada.

Se duvida, fique a saber que a História está recheada de exemplos de pessoas que agora são consideradas génios (nos negócios ou noutra área) e de produtos que hoje consideramos indispensáveis, que tiveram de ultrapassar a rejeição inicial. Os blocos de *post-it* estavam originalmente destinados a ser totalmente inúteis. Paul McCartney foi rejeitado para o coro da escola. A lista é infinita.

Regra #40
Os recursos não irão estar à sua espera, por isso você tem de preencher a lacuna entre o que já existe e o que precisa

Se está a entrar num mercado inexplorado e, portanto, a fazer algo que é inovador por natureza, não se pode esquecer que a rede de fornecedores e de recursos à qual irá recorrer pode não existir no início e, caso exista, pode não ser da forma como necessita. Isto não é, na verdade, um factor negativo;

qualquer um consegue

se o seu negócio encaixasse facilmente numa estrutura já existente de fornecedores e de recursos, iria provavelmente começar a interrogar-se se estaria mesmo a oferecer algo diferente! O alarme deverá começar a soar se, quando você entrar, os fornecedores e a informação já estiverem prontos e à sua espera. Significaria que alguém já está a usar a sua ideia.

Resumindo, a sua ideia é nova e diferente, mas as cadeias de abastecimento já existentes oferecem apenas o antigo e o que está estabelecido; por isso, tem de ser decidido para preencher a lacuna entre o que já existe e o que você precisa. É aqui que entra a criatividade, a característica-chave do empreendedorismo. Pensar "fora da caixa", ser persistente e persuasivo: estas são as ferramentas que tem de utilizar enquanto empreendedor pioneiro.

Por exemplo, percebemos que, apesar de já haver uma forte rede de fornecedores de café em grão, máquinas de café e outros materiais-chave, eles não forneciam a qualidade específica que procurávamos e isso foi um obstáculo a ultrapassar.

Por exemplo, para a produção de café propriamente dita, enquanto que o nosso conceito requeria termómetros especiais para o leite, leiteiras para fazer espuma, colheres de espuma, etc., a indústria estava habituada a usar "umas leiteiras quaisquer" e mais nada. Por isso, tivemos de encomendar por FedEx de um catálogo de vendas norte-americano os nossos acessórios para fazer café, o que foi realmente muito pouco prático!

Pode pensar que, pelo menos, tínhamos máquinas de café. Não tínhamos. As máquinas de café eram feitas para aquelas chávenas de café de loiça e não tinham tamanho suficiente para as nossas canecas grandes e altas. Eram demasiado altas para caber debaixo das bicas para o *espresso*. Apesar de as grandes marcas italianas terem relutantemente construído mais tarde máquinas altas especiais para o novo estilo de lojas de cafés, tivemos de utilizar um complicado sistema de deitar café em chávenas baixas e depois dessas nas nossas canecas.

implementação

Percebemos que quase tudo o que procurávamos não estava disponível ou não tinha a qualidade de que precisávamos, por isso tínhamos sempre de encontrar uma solução criativa.

Regra #41

A credibilidade tem de ser ganha. Você tem o "problema de ser novato"

A credibilidade não cresce nas árvores e tem de conquistar o respeito. Mesmo que encontre fornecedores e outros que acreditem na sua ideia, o facto é que para eles ainda é uma incógnita sem história.

Enquanto que os investidores e os gerentes dos bancos o podem avaliar pela combinação do seu plano de negócios e do quanto é cativante enquanto indivíduo, aqueles que lhe providenciam os recursos no mundo da implementação (como fornecedores, colaboradores e distribuidores) precisam de provas de que serão pagos. Eles precisam de saber que pagará as contas – e não tem maneira de o provar.

Pode contornar esta barreira, mas a única maneira de os conseguir convencer a dar uma oportunidade à sua *start-up* é aplicar todas as qualidades empreendedoras que já utilizou antes para levar a situação até onde se encontra actualmente. Terá de ser o mais persuasivo e convincente que conseguir, porque o que está a pedir àqueles que está a tentar convencer é, essencialmente, que arrisquem o seu próprio dinheiro ao associarem-se consigo (que é efectivamente o que faz um fornecedor). Eles enfrentam riscos consideráveis ao colaborarem consigo e você não tem qualquer prova credível que lhes demonstre a sua capacidade de continuidade. Consequentemente, terá de ser imaginativo e pensar de forma original. E, sejamos realistas; ninguém tem mais probabilidade de conseguir convencer os outros a estar ao seu lado do que você.

qualquer um consegue

Fizemos todos os esforços para convencer fornecedores a aceitarem negociar connosco. Entrevistámos muitos até encontrarmos o que encaixava. Alguns ficaram connosco porque eles próprios eram empreendedores. Outros queriam os louros de terem ajudado uma *start-up*. Alguns arriscaram em nós individualmente, outros porque precisavam de negócio e qualquer um servia! Fosse como fosse, nós conseguimos de uma maneira ou de outra.

Regra #42
A perfeição está no pormenor
Como empreendedor, esteja consciente de que a seguinte expressão já não existe: "É só um pequeno pormenor".

Esqueça que alguma vez ouviu estas palavras. Não existe tal coisa como um pequeno pormenor, nem tal coisa como um pormenor sem importância, um pormenor que se pode ignorar ou um pormenor que pode ser deixado para o "Dia de São Nunca".

Todos pensam nos empreendedores como pessoas de "visão de conjunto"* e isso provavelmente é justo. Todos os empreendedores têm, de facto, uma visão de conjunto, porque é onde começa o processo empreendedor. No entanto, os empreendedores de sucesso também têm uma visão pormenorizada. Compreendem o valor da frase "é tudo uma questão de pormenor".

Veja a questão desta forma: O que é a sua marca? É uma ideia com que sonhou uma noite? Não, não é. A sua marca é o que você fez com a sua ideia. É a soma de cada um dos passos, os muito grandes e os muito pequenos, que deu para tornar o seu sonho realidade. As partes que constituem uma marca são mil e um pormenores que, juntos, formam a mensagem que está a tentar transmitir. Confiaria noutra pessoa para ser responsável por esses pormenores?

---

* **N. T.** No original, *big picture*.

implementação

Se sim, estaria a colocar a tarefa fundamental de construir a sua marca nas mãos de outro. É por isso que, no início, tem de fazer tudo sozinho.

Se lhe serve de consolo, Sam Walton da Wal-Mart escolheu as primeiras 130 lojas e, até a Wal-Mart crescer para as 500, ele continuou a estar a par de todas as aquisições de propriedade. Diz-se que Bill Gates ainda revê os códigos escritos pelos programadores da Microsoft. Retalho é detalhe, quer seja uma mega-empresa multimilionária ou uma *start-up* em fase embrionária!

No nosso caso, estávamos plenamente conscientes de que todos os aspectos da nossa primeira loja iriam passar uma mensagem sobre a marca Coffee Republic. Por isso, escolhemos juntos cada prato, cada cadeira, cada guardanapo... tudo. Com cada um, por muito trivial que parecesse a compra, interrogávamo-nos: "Que mensagem é que isto passa sobre a nossa marca?" Muitas vezes demos connosco nas secções de cozinha da Heals, da Habitat ou da John Lewis a discutir que prato de sobremesa era "Coffee Republic" e qual era "não-Coffee Republic".

Para dar um exemplo que ficou marcado para sempre na nossa memória, procurámos por todo o lado placas de "empurre/puxe" para a nossa porta. Não tínhamos dinheiro para uma placa personalizada, mas não queríamos uma de metal porque essas eram demasiado típicas das antiquadas lojas que vendem sandes que queríamos substituir. Passar horas neste tipo de decisão mostra exactamente o que queremos dizer com estar-se comprometido até ao mais pequeno pormenor do seu negócio. Em última análise, até a nossa placa de "empurre/puxe" fazia parte da nossa imagem de marca, por isso tinha ser a certa.

qualquer um consegue

Regra #43
A lei da auto-suficiência. 2 + 2 = 5

UMA LIÇÃO DE SAHAR:

Nunca esquecerei a emoção que senti quando iniciei os meus dois anos de estágio na empresa de advocacia onde sempre tinha sonhado trabalhar. Estava muito entusiasmada e mentalizada para começar o estágio que me tornaria uma advogada completa. Sabe o que é que estive a fazer a maior parte do tempo? A tirar fotocópias e a ler provas!

A vantagem destas tarefas chatas para um advogado estagiário bem pago passava-me completamente ao lado, especialmente quando nas grandes empresas de advocacia há pessoal suficiente nos departamentos de fotocópias para fazer este tipo de trabalho. Só passados dois anos na Coffee Republic é que finalmente percebi por que é que tinha sido obrigada a fazer aquilo.

Eis a razão: ao colocar um advogado estagiário a começar por tarefas menores, está a ensinar-lhe o que é preciso para trabalhar em advocacia, de baixo para cima. Está a ensinar-lhe as engrenagens do funcionamento de uma empresa e o processo necessário para elaborar um documento do princípio ao fim. Assim, o estagiário não se torna desleixado por confiar apenas no conhecimento adquirido através de anos de estudo. Ser advogado tem tanto a ver com "fazer" como com "saber".

Chama-se a isto AUTO-SUFICIÊNCIA*.

---

* **N. T.** No original, *bootstrapping*.

implementação

O dicionário define auto-suficiência como uma actividade "levada a cabo com o mínimo de recursos ou facilidades". Convencionalmente é associada a economizar e a poupar cêntimos, mas nós pensamos que a definição verdadeira é mais vasta do que isso. O benefício verdadeiro de ser-se auto-suficiente tem origem na disciplina que a falta de dinheiro incute aos empreendedores. Obriga-os a tornar dois mais dois igual a cinco e a usar o que têm da forma mais produtiva e eficiente. Ao fazê-lo, aprendem a ser uma empresa e a agir de uma forma empresarial.

Por isso, ser auto-suficiente é uma disciplina a impor a si próprio. Irá ensinar-lhe a ser eficiente e a concentrar-se nas necessidades do cliente-alvo. Ao fazê-lo, ao confiar no seu próprio trabalho intensivo e em nada mais, o seu enfoque individual irá tornar-se preciso como um laser. Quase todos os grandes empreendedores começaram por ser auto-suficientes. Experimente seguir o caminho mais fácil e... bem, aqui está um exemplo.

O exemplo contrário da auto-suficiência é o que fizeram muitas das *dot.com* durante o *boom* da Internet. Uma vez que os investidores se atropelavam para "apanhar esse comboio", o dinheiro estava literalmente a ser atirado às *start-ups* que quase não precisavam de justificar o seu plano de negócios. Novas empresas deram por si com dinheiro para escritórios luxuosos, orçamentos enormes para publicidade e *marketing* e quadros de pessoal a abarrotar, sem nunca terem de aprender muito sobre o negócio em si.

Adivinha o que aconteceu? Ter todo aquele dinheiro fez com que pensassem de uma forma pouco profissional. Não precisaram de descobrir as necessidades dos seus clientes e de adaptar os seus negócios para melhor irem ao encontro dessas necessidades da forma mais eficiente e produtiva possível. Os *boomers* da Internet perderam assim o contacto com as suas criações, havia pouca orientação pessoal por detrás de muitas empresas e o dinheiro estava a ser usado como um mau substituto da criatividade.

Tudo isto era, claro, evitável. Por muito bem sucedido que possa ter a angariar financiamento, esta é uma lição saudável para empreendedores emergentes. não evite ser auto-suficiente. Comece pelo mais básico, mesmo que seja dono do negócio. Suba na empresa desde baixo. Invista o seu esforço e as recompensas estarão lá. Mesmo na escada da hierarquia das grandes empresas tradicionais existem inúmeros executivos de topo que fizeram o seu percurso desde o patamar mais baixo até ao topo e isso foi recompensado. Todos os empreendedores deveriam seguir estes passos. Se o seu negócio correr bem, não irá permanecer nesse primeiro patamar por muito tempo.

IMPLEMENTAÇÃO: Como qualquer um consegue
Usando a analogia do Evereste, se a implementação se trata de subir o Evereste você está agora no Campo Base e o cume está a quilómetros de distância. Como é que vai lá chegar? Não fique alarmado. Há um segredo para isso. A analogia favorita de Bobby é que pode comer um elefante se der uma dentada de cada vez. Este é o segredo para conseguir fazer o que quiser na vida. Também é o segredo para a implementação.

Regra #44
Pode fazer qualquer coisa, independentemente da sua monumentalidade, se a dividir em partes pequenas e manejáveis
Pergunte a um alpinista como escalar o Evereste e irá descobrir que não se limita a partir e a subir até chegar ao cume. De facto, demora cerca de três meses escalar até ao cume da maior montanha do mundo e é um exercício não só de resistência física, mas também de planeamento, organização e pormenor. Existem, de facto, cinco campos separados entre o Campo Base e o topo da montanha, e atingir cada um deles é já uma vitória por si mesmo.

implementação

A criação de um negócio é o mesmo processo. Não o faz de um dia para o outro; aliás, nem deve tentar fazê-lo. Por isso, não se preocupe com a dimensão da tarefa, divida-a simplesmente em partes pequenas e manejáveis e, desse modo, faça com que a sua dinâmica siga a direcção certa. Quando se aperceber disso, estará a olhar para baixo a partir do cume do seu objectivo inicial.

Para tornar isto mais claro e seguindo ainda a analogia da montanha, o Campo Base é onde reside a sua ideia original. Para chegar à própria montanha e seguir em direcção ao Campo Um, escreva uma lista de afazeres exaustiva e rigorosa para cada tarefa (e estamos a falar de todas!) que precisa de executar para criar o seu negócio. Deve começar no dia em que o escreve e acabar no dia em que o seu negócio se torna operacional.

Depois de elaborada a sua lista de tarefas, percorra-a e dê prioridade às mais urgentes e/ou de maior importância. Está a caminho do Campo Dois. Aí irá encontrar o que em termos empresariais se designa por análise do caminho crucial. Devido às muitas tarefas que terá de realizar, poderá perder-se e esta análise é, na verdade, uma lista que o mantém no caminho crucial. E assim vai andando até, a seu tempo, alcançar o topo da montanha. Como pode imaginar, a sua lista de tarefas será substancial. E, embora todas as tarefas sejam da sua responsabilidade, terá de perceber que não será capaz de fazer tudo ao mesmo tempo. Isto significa que tem de estabelecer prioridades. Tem de saber e ser capaz de distinguir entre os pormenores com os quais não vale a pena perder muito tempo e aqueles que precisam da sua atenção imediata. O processo de fazer esta distinção implica uma gestão do tempo.

A chave para uma boa gestão do tempo é desviar o foco de atenção de assuntos "urgentes" e trabalhar pró-activamente em questões importantes que podem ser, mas não necessariamente, urgentes. São as questões importantes que fazem a diferença e nos tornam capazes de agarrar as oportunidades que se nos apresentam.

qualquer um consegue

Como é que pode continuar a ver a floresta e não se perder em cada árvore? Tendo em conta a regra acima (concentrar-se no que é importante, ainda que não seja urgente), como decidir quais são realmente as prioridades-chave?

Consideramos que normalmente são aqueles elementos que constituem a essência da sua marca, as suas características de venda únicas , o que o diferencia da concorrência. Se tivesse que descrever o seu negócio numa palavra, qual seria? Estas são as tarefas que devem ser resolvidas rápida e eficazmente, pois são a essência do seu produto ou oferta de serviço.

AS PRIORIDADES PARA PÔR A COFFEE REPUBLIC A FUNCIONAR

Março de 1995

1. Formar uma Empresa Limitada.
2. Encontrar um local de venda.
3. Acertar no café .
4. Equipar a Loja.
5. Logotipo.

implementação

A NOSSA HISTÓRIA
Implementação

Março de 1995 - Novembro de 1995

Como sabe, em finais de Março de 1995 tínhamos conseguido o financiamento de que precisávamos. Tinha finalmente chegado a altura em que estávamos em posição de "dar o salto" e abrir a nossa primeira loja. Apesar de ainda haver uma enorme quantidade de trabalho por fazer, nesta fase os nossos sentimentos eram sobretudo de alívio, porque sabíamos que finalmente podíamos entrar de facto em acção, em vez de nos limitarmos a falar em levar a nossa ideia para a frente. Neste momento, a nossa primeira loja estava no horizonte.

A nossa fase de estudo tinha-nos dado uma ideia bastante precisa do que iríamos fazer quando chegássemos a este ponto. Como se lembrará, tínhamos conhecido muitos fornecedores, visto o equipamento que íamos precisar e tínhamo-nos familiarizado com tudo o que envolvia a abertura das nossas portas pela primeira vez. Claro que quando fizemos a pesquisa não tínhamos financiamento, por isso na altura não tínhamos a certeza de que seríamos capazes de ir avante. Mesmo nessa altura, tínhamos na cabeça uma ideia bem clara de com quem queríamos trabalhar e como é que queríamos que o nosso negócio ficasse assim que tivéssemos o dinheiro. Portanto, com o financiamento assegurado, estávamos em posição de avançar rapidamente em várias frentes.

Com o livro de cheques na mão, de repente estávamos de facto a gerir um negócio verdadeiro! Por isso, o desafio seguinte era mesmo um desafio físico, encomendar e instalar todo o equipamento e produtos que tínhamos escolhido. Pode pensar que estávamos a entrar numa fase emocionante, mas ficámos surpreendidos ao sermos confrontados com um problema inesperado. Sabíamos que o nosso negócio agora era credível, mas os fornecedores não o encaravam da mesma maneira! Ninguém parecia preparado para nos levar a sério.

Um bom exemplo do cepticismo com que nos deparámos foi a atitude da empresa que queríamos que fornecesse as nossas máquinas de café. Sabíamos exactamente qual era a marca de máquina que queríamos, por isso, quando fomos falar com os distribuidores, estávamos muito entusiasmados. Dissemos-lhes que tínhamos adorado as suas máquinas e especificámos até ao mais pequeno pormenor em que é que estávamos interessados.

Por seu lado, o fornecedor também ficou muito interessado na nossa proposta de lançamento e ajudou-nos em várias outras coisas e contactos de que precisávamos. Até fizemos as provas de café nos seus *showrooms*. Mas depois ficámos ocupados com o plano de negócios e a angariação de financiamento, por isso perdemos o contacto com ele durante um par de meses. Quando finalmente lhe telefonámos para encomendar a máquina com que tínhamos ficado entusiasmados há tanto tempo, a primeira coisa que o vendedor disse a Sahar quando atendeu o telefone foi: "Houve uma aposta no escritório sobre se vocês voltariam ou não. Eu disse que não iriam voltar, que não pareciam estar realmente interessados." Depois acrescentou: "Parece que perdi a aposta." Realmente perdeu e como, desde então, já forneceu 150 máquinas para a Coffee Republic, provavelmente não se deve importar muito com isso!

Lembre-se das regras gerais de que falámos sobre como é difícil e desafiante para os empreendedores encontrar fornecedores, colaboradores e outros distribuidores. Bem, veja em baixo as nossas aventuras...

PRIMEIRO DESAFIO
Encontrar um local

Aqui está a nossa história. Nós recebemos em Abril de 1995 a carta do NatWest a concordar em emprestar-nos o dinheiro de que precisávamos para montar a Coffee Republic. Mas só abrimos a nossa loja a 4 de Novembro desse ano. Isto foi sete meses mais tarde. O que é que nos fez demorar tanto?

A resposta é: encontrar um local.

implementação

Na verdade, provavelmente subestimámos o quanto este desafio seria difícil. Tratando-se de um negócio de venda a retalho, nós sabíamos que a velha máxima "localização, localização, localização" seria fundamental. A nossa estratégia de selecção do local consistia em identificar lugares com alta visibilidade e movimento em áreas de escritório densamente povoadas, de maneira a conseguirmos atrair uma base de clientes fiel que viria à nossa loja diariamente e, de preferência, mais do que uma vez ao dia.

No entanto, não fazíamos ideia de como funcionava o mercado da propriedade comercial. Tentámos informar-nos falando com todos os que conhecíamos nesse ramo e seguindo todas as dicas que nos foram dadas. Começámos por nos encontrar com agentes recomendados por amigos e, depois disso, telefonámos a outros que encontrámos nas Páginas Amarelas. Chegámos a reservar uma "semana dos agentes" em que devemos ter conhecido 20 empresas diferentes, fazendo a cada uma delas uma apresentação completa do nosso conceito. No final estávamos tão cansados, que tínhamos ataques de riso de cada vez que voltávamos a ter de contar a mesma história vezes e vezes sem conta. Todos os agentes que conhecemos pareceram entusiasmados e ficaram de nos telefonar. Mas a maior parte nunca se deu a esse trabalho. Nem retribuíam os nossos telefonemas. Lembre-se da regra: os empreendedores não têm credibilidade!

Depressa percebemos que os que estavam no ramo do imobiliário nos viam com a mesma falta de confiança que os nossos fornecedores. E isto era agravado por um outro problema: os bons lugares nunca aparecem no mercado imobiliário. Pelo contrário, mudam de mãos entre agentes muito antes de negócios como o nosso chegarem a ouvir falar deles. Por isso, um recém-chegado como você precisa de ter do seu lado o agente melhor e mais experiente possível. Contudo, os melhores não têm tempo para si, porque têm um "peixe maior para pescar".

qualquer um consegue

Em resumo, irá dar por si preso num círculo vicioso e só há uma coisa, uma verdadeira qualidade empresarial, que o irá ajudar: determinação. Nós não íamos perder o nosso sonho por aqueles que precisávamos que nos ajudassem não estarem tão comprometidos como nós. Por isso, dedicámo-nos a provar ao mundo dos agentes imobiliários que a Coffee Republic iria mesmo para a frente.

Como é que fizemos isso? Escolhemos um agente que nos pareceu ser o melhor e o mais experiente: Colin Baxter da Blanchflower Lloyd Baxter. Até hoje lembramos ao Colin (que encontrou cerca de 60 locais para a Coffee Republic) que, na nossa primeira reunião, nos fez esperar 45 minutos à porta do seu escritório e que praticamente não nos prestou atenção. Bombardeámos Colin – e não estamos a exagerar – com a nossa determinação em encontrar um local. Telefonámos-lhe todos os dias, pelo menos duas vezes ao dia. Se ele nos indicasse algum sítio, metíamo-nos imediatamente no carro, visitávamos o local e, em minutos, ligávamos-lhe de volta. Praticamente forçávamos encontros com ele. Estávamos tão empenhados que, mesmo que um sítio não fosse mais do que uma vaga possibilidade, estudávamo-lo para não darmos aos agentes qualquer desculpa para não nos levarem a sério.

Atribuímos a nossa determinação à maravilhosa ingenuidade que o entusiasmo característico do empreendedorismo traz consigo. Fizemos cálculos intermináveis do movimento de pessoas em locais que só tínhamos uma pequena hipóteses de conseguir. Passámos horas à porta de possíveis lojas a contar o número de pessoas que passavam a várias horas do dia. Isto iria dar-nos uma ideia do número de clientes que podíamos esperar. Desde que Sahar insistiu em fazer a contagem no conforto do seu carro, inevitavelmente estacionado num local proibido, o processo de contagem foi perturbado várias vezes por discussões com polícias de trânsito – tais são os desafios de perseguir um sonho!

implementação

Tendo feito a contagem e o trabalho de casa, ficávamos muito entusiasmados com a perspectiva de um futuro lugar, depois normalmente rejeitado pelos senhorios. Os senhorios são relutantes em arrendar as instalações a novos negócios sem historial e nós tínhamos o obstáculo acrescido de que o nosso conceito era desconhecido para eles, para além de ser um nome também desconhecido. Não conseguiam entender que era realmente diferente dos cafés e das lojas tradicionais que vendem sandes.

E, portanto, o nosso desafio continuava.

À medida que os dias passavam, parecia-nos que o *boom* do café norte-americano estava gradualmente a ganhar força no mercado do Reino Unido. Chegavam-nos vários rumores aos ouvidos; todos com quem falávamos dentro da indústria pareciam conhecer alguém que estava a planear criar uma cadeia de lojas de cafés em Londres.

A maior parte era só para assustar, mas foi eficaz como "combustível para alimentar os nossos motores", já de si acelerados. Queríamos ser os primeiros no mercado e os primeiros na cabeça dos clientes. Nas viagens de reconhecimento diárias por Londres, investigávamos cuidadosamente cada loja que tinha acabado de fechar ou que estava em obras, para termos a certeza de que a concorrência não estava a abrir nenhuma.

Se tudo isto parece uma determinação no limiar da paranóia, podemos voltar novamente à analogia da montanha. O planeamento e a dedicação são tudo. Se vai escalar o Evereste, lembre-se que não o conseguirá só por se pôr a subir a encosta. Não vale a pena estar a 500 metros do cume e depois descobrir que ficou sem corda. Tem de verificar e analisar o seu negócio ou expedição até ao último pormenor e depois, quando tiver a certeza de que não se esqueceu de nada, tem de confirmar novamente.

... e depois, o nosso primeiro concorrente apareceu!

Na véspera da Sexta-Feira Santa, vimos a única coisa que desesperadamente não queríamos ver. Um cartaz na montra de um local em Long Acre, Covent Garden, que anunciava: "Double Vanilla Skinny Latte chega a Covent Garden". Uma empresa chamada Seattle Coffee Company ia abrir antes de nós – e a avaliar pela linguagem do cartaz, eles estavam a chegar exactamente com a mesma ideia!

Quando vimos o cartaz, ficámos sem fala. Era óbvio pela imagem que eles estavam tão convictos como nós. No entanto, quando o nosso pânico inicial passou, decidimos que ter um concorrente era um facto da vida empresarial. E, na verdade, poderia até ser algo positivo pois, visto que o nosso conceito era tão novo, podia ajudar a educar o mercado mais rapidamente para as alegrias do café *gourmet*.

Neste caso, até terem vendido ao Starbucks três anos depois, foram o nosso único verdadeiro concorrente.

Para dizer a verdade, nessa altura estávamos a ficar um pouco desmoralizados. Em Julho, ainda não tínhamos encontrado um local, apesar de já termos estabelecido uma relação próxima com os nossos agentes e também de passarmos todos os minutos do dia no carro (sem ar condicionado) no calor do Verão, à procura de locais.

FAX (DE BOBBY PARA SAHAR)

Não consigo evitar sentir-me a ficar sem energia – estamos a tentar há cinco meses e ainda nada está resolvido!

---

implementação

Também tínhamos uma forte pressão do NatWest, cujo empréstimo estava dependente de encontrarmos um local. Estava a tornar-se difícil manter entusiasmados os gerentes dos bancos, fornecedores e conselheiros por um período tão grande de tempo, especialmente quando a nossa credibilidade estava longe de estar estabelecida. Mas a vida de empreendedor é isso, é sempre uma questão de fazer malabarismo e de adivinhar se é o ovo ou a galinha que vem primeiro.

Finalmente em Julho, e muito por acaso, tivemos um merecido golpe de sorte em relação ao local. Uma manhã, Sahar encontrou um velho amigo e estava a lamentar-se das dificuldades que estávamos a enfrentar para encontrar o nosso primeiro local. Tentando ajudar, Simon referiu que um amigo tinha uma luxuosa loja de *T-shirts* em South Molton Street e que talvez estivesse disposto a fazer o trespasse da loja.

Regra #45
O sucesso acontece quando a preparação encontra a oportunidade

Preparámo-nos durante oito meses para esta oportunidade e não a deixámos fugir. Sahar foi imediatamente a South Molton Street e viu a loja. Nós já tínhamos feito bastante trabalho de casa e uma contagem do movimento de pessoas a pé para o lado oposto da rua, por isso sabíamos que tinha o perfil certo para nós. E ali estava. Às oito e meia de uma linda manhã de Julho, a Coffee Republic tinha encontrado o seu primeiro local.

O melhor disto é que, por termos tido uma dica, fomos capazes de "vencer o mercado". Mandámos para lá Colin imediatamente. Melhor ainda, conseguimos um bom preço pelo local. Lembre-se que os preços do mercado imobiliário em 1995 ainda não tinham recuperado da quebra do início dos anos 90, por isso conseguimos o local com uma pequena comissão e um simpático período de tempo sem renda.

qualquer um consegue

South Molton Street era ideal para a primeira loja da Coffee Republic, uma vez que oferecia uma combinação de todos os tipos de clientes que tínhamos identificado. Tinha uma boa mistura de empregados de escritório, de visitantes de lojas, transeuntes, estudantes e turistas. Também tínhamos esperança que, com a Condé Nast (sede da Vogue, GQ, Tatler, etc.) ao virar da esquina, iríamos atrair a atenção da imprensa. Uma vez que a South Molton Street era pedonal, tínhamos o bónus adicional de lugares de esplanada de que precisávamos, pois a loja tinha 80 metros quadrados.

Em retrospectiva, tivemos muita sorte em encontrar o local, apesar de talvez ter sido o nosso trabalho árduo e persistência que nos deram sorte. De qualquer maneira, a South Molton Street era um primeiro sítio fantástico. Era a loja-piloto ideal. Conseguimos finalmente assinar o contrato em Agosto. Mas desde Julho, desde que tínhamos assinado o contrato-promessa, tínhamos um sítio assegurado e podíamos, portanto, avançar confiantes com o resto das tarefas da nossa extensa lista de afazeres.

Estávamos um grande passo mais perto de realizar o nosso sonho!

SEGUNDO DESAFIO
Encontrar os fornecedores

Desde o princípio que pensávamos que a chave para o sucesso residia no café em si. Sabíamos que, a menos que servíssemos café de grande qualidade, não fazia sentido criar o negócio. Tínhamos como objectivo conseguir o café da qualidade mais elevada disponível no mercado. O problema era que, em termos reais, não sabíamos absolutamente nada sobre café.

A primeira coisa que fizemos durante a fase de estudo foi, como dissemos anteriormente, tornarmo-nos "zulus" do café. Ao ir conhecer todos os fornecedores, assistir a todos os cursos de formação, ler todos os livros e literatura, ensinámos a nós próprios tudo sobre como o café crescia, os diferentes grãos e as diferentes misturas - por isso, estávamos munidos de conhecimento fundamental antes de decidirmos encontrar quem nos fornecesse a selecção certa de café para a Coffee Republic.

implementação

Este é um ponto importante. O que nós fizemos foi aprender sobre café antes de precisarmos de tomar decisões de compra, por isso o processo de aprendizagem pôde ser objectivo e independente de uma necessidade comercial imediata. Nessa altura, não tínhamos sobre nós a pressão de ter de escolher um café, mas só de aprender um pouco sobre o que iríamos comprar.

Por isso, com o tempo tornámo-nos suficientemente conhecedores para conseguir identificar a mistura de café que achávamos que queríamos encontrar. Essa era a especialidade de Sahar. Nos seus meses de estudo e de provas de café, ela tinha identificado algumas características-chave que queria num típico *latte* ou *espresso*. Ela queria que o café fosse forte, "potente", mas sem deixar um travo amargo.

Lembramo-nos de como os fornecedores ficaram chocados quando lhes demos as nossas especificações. Eles diziam "Esta é uma mistura óptima" ou "Esta é de qualidade superior" e Sahar respondia teimosamente que, para um *latte*, não tinha a potência ou o sabor que ela procurava. Ficámos surpreendidos por os fornecedores de café não se digladiarem pelo nosso negócio. Pensávamos que, uma vez que tivéssemos um livro de cheques na mão, iriam competir vigorosamente para ter o nosso negócio e fazer todos os possíveis para nos fornecer exactamente aquilo de que precisávamos.

Em vez disso, a maioria dos fornecedores disse: "Isto é o que nós temos e, se não é suficientemente bom para vocês, então estão errados e podem ir a outro sítio qualquer." Descobrimos que os grandes fornecedores de café tinham sistemas e métodos estabelecidos de fazer as coisas que tinham resultados positivos ao longo dos anos, e as nossas exigências e especificidades eram vistas como um incómodo desnecessário. Quase nem se davam ao trabalho de nos receber. Muitos pensavam que éramos loucos só por criarmos uma cadeia de lojas de cafés! (Lembre-se da regra de remar contra a maré.)

Cedo aprendemos que precisávamos de fornecedores que fossem empreendedores e pensassem como nós. Fornecedores que acreditassem na nossa visão e, portanto, arriscassem ir mais além para satisfazer as nossas necessidades. O que se veio a verificar é que só um fornecedor parecia pensar dessa maneira. Ela geria a filial de Londres de uma pequena empresa familiar de torrefacção de café em Itália e nós conhecemo-la numa feira de comércio. Destacou-se porque foi o único fornecedor disposto a ouvir a descrição apaixonada de Sahar sobre o gosto exacto que procurava numa mistura. Ela deu-nos a experimentar imensas misturas e nunca desistiu enquanto as coisas não estivessem totalmente certas. É por isso que, no final, ganhou o negócio da Coffee Republic. A sua paixão e determinação tinha a ver com a nossa.

Um dia, Sahar recebeu uma chamada dela a dizer: "Pode encontrar-se comigo na Oriel em Sloane Square daqui a 20 minutos? Acho que encontrei a mistura que quer." Sahar foi a Oriel, bebeu um golo do café proposto e encontrou exactamente o sabor rico que procurara desde o início. Nesse dia, nasceu a mistura da Coffee Republic. A mistura que escolhemos juntos acabou por ganhar muitos prémios, incluindo o Melhor *Cappuccino* de Londres atribuído pelo *Independent on Sunday* e o Melhor *Espresso* em Londres atribuído pelo *Guardian*.

Em retrospectiva, conseguimos ver agora o quanto era determinante que o fornecedor da nossa matéria-prima mais importante fosse tão apaixonado e comprometido com o nosso sonho como nós. A Eva foi uma preciosa fonte de ajuda e apoio ao longo de todo o processo. Ela tornou-se uma parceira no crescimento da Coffee Republic. Estava connosco pessoalmente em cada abertura das nossas lojas. Também era essencialmente auto-suficiente e, nesse sentido, era exactamente o que precisávamos. Com ela a bordo, concentrámo-nos em ter o equipamento certo para fazer café. Em Itália dizem que o segredo do bom café são os cinco Ms:

- *Mescla* – a mistura do café,
- *Machina* – a qualidade da máquina do café,
- *Machinadosatore* – o moinho que mói os grãos de café,
- *Mesura* – as gramas de café usadas em cada *espresso*, e
- *Mano* – a mão do responsável pelo *espresso*.

A nossa próxima tarefa era acertar com o resto dos cinco Ms!

implementação

Sabíamos exactamente que tipo de máquina e de moinho queríamos. No nosso estudo tínhamos visto que diferentes máquinas influenciam o sabor do *espresso*, por isso, pelas nossas provas, tínhamos identificado a marca que produzia o sabor que queríamos para a Coffee Republic. Era a máquina italiana Cimbali, que por acaso era a mais cara do mercado. Não nos esquecemos que até os fornecedores das máquinas de café ficaram surpreendidos por termos tanta certeza do que queríamos e que nada mais iria servir. Mas é este tipo de perfeccionismo que faz a diferença entre o sucesso e o fracasso de um empreendedor.

> Uma história inspiradora e divertida que aprendemos desde cedo foi como se deu a descoberta do café.
>
> Diz a lenda que havia na Etiópia, no início do século VI, um guardador de cabras chamado Kaldi. Um dia, Kaldi percebeu que, quando levava as cabras ao cimo de uma certa montanha que tinha plantas altas com bagas de um vermelho vivo, as cabras ficavam particularmente alegres e enérgicas. Por isso, ele apanhou algumas das bagas vermelhas e levou--as ao sábio local para resolver o mistério.
>
> O sábio local, tendo já recebido bastantes aldeões a falar de magia, tirou furioso as bagas a Kaldi e atirou-as para o fogo. As bagas no fogo começaram a tostar e a libertar um inebriante aroma a café acabado de torrar... O sábio ficou apaixonado e o resto é História.
>
> Nós gostámos tanto desta história que chegámos mesmo a considerar apelidar o nosso conceito de Kaldi's Coffee!

TERCEIRO DESAFIO
Encontrar os fornecedores de alimentação certos

Com as questões do café resolvidas, tínhamos de passar para a alimentação. Tivemos muitas dificuldades em encontrar fornecedores para o que queríamos servir.

Grande parte da nossa experiência com as lojas de café era composta pela deliciosa oferta de comida que tínhamos visto em Nova Iorque: *muffins* de mirtilo sem calorias, bolachas de aveia, *biscotti**, bolachas de chocolate duplo, entre outros.

A qualidade nas lojas que vendem sandes era nessa altura absolutamente insípida e pobre. Assim, simplesmente não existiam fornecedores que produzissem o tipo de pastelaria *gourmet* que procurávamos.

Quando falámos com os fornecedores que conseguimos encontrar, parecia que estávamos a falar uma língua diferente. Eles simplesmente não conseguiam perceber as nossas convicções relativamente a aspectos como qualidade, apresentação, atitude e satisfação do cliente. Tornou-se muito óbvio que em relação à comida, tal como em relação ao café, estávamos realmente a trazer para o mercado toda uma nova cultura, uma maneira de pensar diferente.

Os fornecedores grossistas que existiam há anos estavam fechados a qualquer possibilidade de mudar os sistemas, métodos e receitas que tinham estabelecidos e que tinham funcionado bem até então. Porque sabíamos na altura que não podíamos contar com a oferta de fornecedores existente, tivemos de ser mais imaginativos e recorrer novamente à auto-suficiência.

Para os nossos *muffins*, comprámos em Nova Iorque um livro de receitas. Com as receitas nas mãos, precisávamos de alguém que os cozinhasse para nós e os entregasse na loja todos os dias. Na altura, o único local que servia bolos

---

* **N. T.** Bolacha italiana estaladiça com sabor a erva-doce e que muitas vezes também leva amêndoas ou avelãs.

implementação

gourmet como bolos de curgete e semente de papoila era o Joseph's Café na Sloane Street. Eles também tinham uma sobremesa deliciosa chamada "Delice au Café", que era mesmo divinal. Descobrimos que os bolos e as sobremesas do Joseph's eram feitos pela mesma pessoa e, com alguns telefonemas, descobrimos os seus dados. Pensámos que, se ela conseguia criar a "Delice au Café", conseguiria certamente fazer os *muffins* para a Coffee Republic!

Dar este passo quebrou todas as regras que Bobby tinha definido relativamente aos fornecedores. Não só esta senhora não era uma grande fornecedora, comercial, com distribuição nacional, etc., como nem sequer era propriamente uma fornecedora. O seu único cliente era o Joseph, a quem ela entregava algumas sobremesas todas as semanas. Mas conseguia oferecer a qualidade e a escolha de que nós precisávamos, por isso fomos ter com ela.

Aconteceu-nos o mesmo com a pastelaria francesa (*croissants*, *pain au chocolats*). A qualidade dos grandes fornecedores não era suficientemente boa para a Coffee Republic e o único *croissant* que correspondia às nossas exigências era de uma loja chamada St Quentin em Knightsbridge. Eles também faziam as mais autênticas sandes de baguete francesas. Mas nunca tinham vendido em grande quantidade e não tinham sistema de entregas na loja.

Perante isto, assumimos que o importante era ter a qualidade certa para a abertura e que os outros pormenores podiam ser resolvidos mais tarde. Por isso, uma vez que não podíamos pagar a uma carrinha, decidimos fazer nós as entregas nos primeiros dois meses. Pelo menos a St Quentin era a meio caminho entre a nossa casa e a nossa loja na South Molton Street.

Os *bagels* foram uma história um pouco embaraçosa. Sahar insistiu que os *bagels* de Brick Lane eram os melhores de Londres e que a Coffee Republic tinha de os ter. Nada mais serviria. Alguém que esteja familiarizado com a loja de *bagels* de Brick Lane sabe que, por muito bons e autênticos que sejam os seus produtos, "profissional" não é a palavra que usaria para descrever o fornecedor! A nossa solução foi encontrar um taxista que vivia em East End e que os recolheria na Brick Lane ao amanhecer, no seu caminho para a West End. Cedo descobrimos que o problema era que, com a tarifa do táxi, os *bagels* custavam mais do que o preço a que os vendíamos. Por isso, encontrámos uma loja decente de *bagels* na Fulham Road e decidimos ir buscá-los nós próprios todas as manhãs! Mais uma vez, a combinação de inspiração, transpiração e determinação provou ser fundamental.

QUARTO DESAFIO
Construir uma marca

Tínhamo-nos proposto criar a marca líder de lojas de cafés no Reino Unido. No entanto, além dos problemas de logística de que já falámos, não sabíamos nada sobre *marketing* ou gestão de marcas.

Regra #46
A ingenuidade dos empreendedores tem muito que se lhe diga. A importância de se estar "às escuras"

Vendo bem, não nos deixámos intimidar pela gestão da marca. Não permitimos que fossemos condicionados pela nossa total falta de experiência numa área onde a maioria é, por norma, altamente qualificada. Para nós, a gestão da marca resumia-se à mensagem que a Coffee Republic iria transmitir aos clientes sobre si própria e era algo que não era difícil de perceber. Sabíamos que não estaríamos lá para explicar a cada cliente tudo o que defendíamos, por isso a marca tinha de fazer isso por nós. Iria falar em nosso nome para o mundo exterior. Íamos passar a nossa imagem de marca aos clientes, primeiro através do *design* da loja (a loja funcionaria em termos técnicos como um anúncio) e depois através de cada objecto dentro da loja (o tipo de chávenas, escolha de açúcares, a grossura dos guardanapos, os uniformes dos colaboradores, etc.)

implementação

Ao nível do visual da Coffee Republic, o equipamento e *design* da nossa loja era algo que tínhamos de decidir rapidamente, uma vez que os custos eram a maior despesa deste início e ia demorar algum tempo até conseguirmos o que queríamos.

O desafio para nós era que estávamos ambos completamente "às escuras" sobre os assuntos que tínhamos pela frente. Não sabíamos muito sobre decoração de apartamentos, quanto mais de lojas. Nós nem sabíamos quem é que decorava lojas: seriam os arquitectos, quem instalava o equipamento, os decoradores ou seria alguém completamente diferente? Claro que agora sabemos que existem empresas especializadas em *design* de lojas, mas na altura não fazíamos ideia. Sendo uns completos novatos, estávamos privados de todo um conjunto de informações valiosas que só descobrimos mais tarde.

Fizemos alguma pesquisa e sugeriram-nos que contratássemos arquitectos. Não fazíamos ideia de que empresa contratar, por isso alguém nos recomendou que visitássemos várias lojas e restaurantes e escolhêssemos aqueles de que gostávamos mais e depois fossemos descobrir quem tinha criado o seu *design*. Nós gostámos bastante da Jigsaw na High Street Kensington e também das lojas Joseph. Telefonámos para os seus escritórios e, após alguma investigação adicional, descobrimos que tinham sido desenhadas, respectivamente, por Nigel Coates e Eva Jiricna.

Abordámos cada um destes arquitectos mundialmente famosos (sem saber bem o quanto eram famosos; ambos já trabalharam em marcos da arquitectura por todo o mundo) para criar o *design* do nosso café de 80 metros quadrados.

Agora podemos atribuir à nossa ingenuidade empresarial o facto de termos abordado estes dois arquitectos para criarem o *design* de uma loja de café com um orçamento bastante apertado e – para juntar o insulto à injúria – quando sabíamos exactamente como é que queríamos que ficasse. Como tínhamos tirado fotos em Nova Iorque, não precisávamos de criatividade; tudo o que precisávamos era de alguém que copiasse os temas das nossas fotos de Nova Iorque e os esboços que tínhamos idealizado.

qualquer um consegue

No final, optámos por Eva Jiricna. Passámos horas a ver todos os pormenores dos acabamentos da loja. Olhando para trás, percebemos agora quanto era especial para ter aceite tão graciosamente o que no fundo acabou por ser nós estarmos a dizer a um perito mundial como fazer o seu trabalho!

O próximo desafio-chave era criar o nosso logotipo. Como parte da nossa imagem de marca, queríamos que tudo dentro da loja tivesse o nosso logotipo, desde as chávenas, guardanapos e sacos, até aos uniformes dos colaboradores.

Tínhamos um orçamento de 400 libras para a criação do logotipo e, uma vez mais, não fazíamos ideia de onde encontrar um *designer*. No início pedimos ajuda a uma amiga que trabalhava para uma grande empresa de criação de identidade da marca, que só as grandes multinacionais podiam pagar. A solução dela era abordar um dos *designers* de topo da empresa para que desenhasse o nosso logotipo numa espécie de acordo fora do horário de expediente.

Isto provou ser um desastre. Tal como na situação com os arquitectos, nós não precisávamos de um génio criativo; só precisávamos de um *designer* que desenhasse o que nós não conseguíamos desenhar, mas conseguíamos imaginar. Quando se é inexperiente, não se tem a confiança para dizer "não" sem sentir culpa. Por isso, encontrávamo-nos com um *designer* genial fora do horário de expediente e depois custava-nos imenso rejeitar educadamente as suas propostas. Ele sentia-se insultado, pois praticamente nunca lhe tinham recusado um trabalho. Nós depois sentíamo-nos pouco à vontade e injustos, especialmente porque sabíamos que a empresa dele teria cobrado milhares de libras pelo seu trabalho.

Mas o nosso instinto dizia-nos que, por mais teimosos e pouco razoáveis que pudéssemos parecer, era preciso mantermo-nos fiéis à alma do negócio que tínhamos no nosso coração. Por mais dotados e experientes que fossem os conselheiros, não nos poderiam obrigar a aceitar uma coisa que sentíamos que não correspondia os nossos sonhos.

implementação

Por fim deixámos o tal génio do *design* e, com isso, basicamente desistimos do talento da agência de identidade corporativa mais importante do Reino Unido. Em substituição, encontrámos um pequeno *designer* gráfico que os nossos arquitectos nos recomendaram e que viria a produzir o que nós queríamos.

Com o logotipo, pudemos avançar com as encomendas das nossas embalagens e dos uniformes. Mas como já tínhamos gasto o nosso orçamento de 400 libras na primeira tentativa falhada, não tínhamos mais fundos para o *design* e, por isso, acabámos uma vez mais por ser nós próprios a fazer o que faltava.

Por exemplo, não tínhamos dinheiro para encomendar chávenas com o nosso logotipo impresso, por isso a nossa solução foi encomendar autocolantes e colá-los nós próprios nas chávenas brancas. À noite convidávamos os nossos amigos para irem lá a casa e sentávamo-nos todos à frente da televisão a colar autocolantes nas chávenas!

Acabámos por ser nós próprios a desenhar os folhetos, já que não tínhamos dinheiro para pagar a um *designer* gráfico que fizesse esse trabalho. Uma vez que não tínhamos muita confiança na nossa capacidade para escrever frases persuasivas para as brochuras dos clientes, pedimos a uma grande amiga nossa, a Mariella (que é bastante engraçada e perspicaz), para vir jantar connosco e ajudar-nos a escrevê-las. Por isso, numa noite de Setembro, chegámos à solução que pretendíamos à volta de um prato de massa e uma garrafa de vinho tinto.

QUINTO DESAFIO
Encontrar colaboradores

Encontrar pessoas para trabalhar foi outra aventura em território desconhecido. Desde o início que estávamos absolutamente convencidos da importância de oferecer aos clientes um serviço superior. Precisávamos de colaboradores que fossem limpos e agradáveis, com uma aparência extremamente simpática e bastante entusiastas da nossa excelente oferta de café. Eram eles que iriam apresentar aos clientes a variedade de bebidas de café e, por isso, eram a chave para o sucesso do nosso negócio.

O próximo passo foi pôr um anúncio no *Evening Standard* numa terça-feira, porque nos tinham dito que era o que faziam todos os que estavam no ramo da restauração.

No dia seguinte, fomos inundados com mais de cem chamadas telefónicas de potenciais colaboradores que tinham trabalhado no tipo de estabelecimentos que forneciam o serviço ao cliente medíocre do qual nos queríamos distinguir. Estávamos a atrair exactamente o tipo de pessoal que representava o que nós não queríamos ser.

Mais uma vez, encontrámos a diferença entre o que está disponível e o que se quer. O nosso outro problema era que, assim que tivéssemos garantido os colaboradores, não tínhamos competências ou meios para lhes dar formação.

Adivinha como é que resolvemos o problema? Fomos auto-suficientes! Decidimos que, uma vez que não fazíamos ideia de como dar formação a colaboradores, a nossa única solução era contratar colaboradores que já tivessem tido formação.

O único serviço ao cliente que nós respeitávamos na altura era o da cadeia Pret a Manger. Tinham sido os primeiros a alterar os padrões do serviço ao cliente existentes na indústria do Reino Unido. Os seus colaboradores tinham um uniforme, eram limpos e incrivelmente entusiásticos e prestáveis. Pensámos que, se os nossos primeiros colaboradores viessem desta cadeia, não precisaríamos de lhes dar formação. Eles já a teriam tido e a Coffee Republic estaria de imediato – por osmose – a fornecer o mesmo nível de serviço ao cliente. Podemos atribuir isto, uma vez mais, à ingenuidade – a importância de não ter qualquer pista!

implementação

Para sermos honestos, fomos roubar dois colaboradores a esta cadeia. Imprimimos pequenas tiras com o nosso nome e número de telefone e fomos até à loja Pret a Manger em St Martins Lane. Esta era a sua maior loja, por isso imaginámos que daríamos menos nas vistas neste ambiente ocupado. Se alguma vez já tentou surpreender colaboradores com uma oferta de emprego, entende exactamente como nos sentimos ridículos.

Adiámos, hesitámos, fomos embora e voltámos, empurrámo-nos um ao outro, até que finalmente ganhámos coragem para abordar um colaborador que estava a arrumar sandes de ovo e maionese numa das prateleiras. Apesar de surpreendido pelo nosso avanço, ele pareceu muito receptivo. Prometemos-lhe um aumento e ele prometeu telefonar-nos. Chamava-se Miguel e veio ver-nos um dia mais tarde trazendo consigo outro amigo, o Max, que também estava na mesma loja e queria vir com ele. Para abreviar uma história longa e embaraçosa, ficámos tão entusiasmados por eles terem tido formação na Pret que nem nos demos ao trabalho de os entrevistar. Limitámo-nos a concordar todos encontrar-nos dois dias antes da data de abertura da loja da South Molton Street.

A nossa prioridade seguinte era encontrar um gerente. Tivemos muita sorte em encontrar uma rapariga canadiana chamada Tanya, que tinha trabalhado numa loja de café nos EUA e sabia tudo sobre a preparação deste novo estilo de bebidas de café. Ela ensinou-nos a fazer as mais deliciosas natas batidas verdadeiras (acrescentando uma pitada de baunilha) e como fazer chocolate quente num termo com doseador, métodos que ainda utilizamos na Coffee Republic. Ela não tinha qualquer experiência como gerente, mas estávamos tão entusiasmados com seu conhecimento sobre estes novos tipos de lojas de café que, mesmo assim, a contratámos para essa função. Dissemos-lhe que os dois colaboradores pagos à hora que ela iria gerir já tinham formação e que, por isso, ela não precisava de se preocupar com eles.

Só quando, dois dias antes da abertura da loja da South Molton Street, deixámos o Max e o Miguel a cargo da Tanya é que descobrimos que eles não falavam inglês! Tínhamos atribuído a sua falta de eloquência à sua animação e entusiasmo, ignorando o facto de que andavam a estudar inglês. Claro que não é necessário um domínio perfeito do inglês para fazer sandes e arrumar as prateleiras, mas era preciso um bom domínio do inglês para apresentar aos londrinos a vasta escolha de bebidas de café a pedido que iríamos oferecer na Coffee Republic!

Assim, Sahar passou os dois dias antes da nossa grande abertura a aumentar o seu conhecimento de inglês, dizendo em especial a Max que era indelicado responder "o quê?" aos clientes... Como empreendedor, tem de "usar vários chapéus", e nós usámo-los todos, desde o chapéu de distribuidor até ao de professor de línguas. Como empreendedor, acaba simplesmente por ser a soma de tudo aquilo que precisa de ser. Há uma expressão empresarial que diz que se é "cozinheiro principal e lava pratos" ao mesmo tempo.

Uma vez resolvidas as prioridades, concentrámo-nos nos pequenos pormenores! Incluímos aqui a nossa lista do caminho crucial para lhe provar o nível de detalhe que descrevemos e no qual tivemos de nos envolver. Sabíamos que todas as tarefas da lista da página seguinte iriam realmente fazer a diferença na nossa mensagem ao cliente, por isso trabalhámos os dois em cada uma das tarefas para termos tudo certo.

A lista que se segue acompanhou-nos até ao dia da abertura da nossa primeira loja.

À medida que o tempo passava, riscávamos com grande satisfação cada vez mais tarefas desta lista de afazeres. Todos os dias observávamos as tarefas que já tinham estado numa longa lista de papel transformadas numa realização tangível, que estava a encher a cave da South Molton Street. Era, portanto, uma alegria ir à cave todos os dias e ver o nosso progresso sob a forma de caixas de diferentes tamanhos e feitios, que desembrulhávamos ainda com mais entusiasmo do que o melhor presente de Natal. Nós adorávamo-las (não porque tivéssemos ficado loucos!), mas porque eram todas estas pequenas coisas, por mais triviais e mundanas que fossem, que juntas faziam o nosso novo negócio.

Conseguíamos ver e sentir fisicamente o nosso sonho transformado em realidade. Não há nada que satisfaça mais um empreendedor do que isso.

ANÁLISE DO CAMINHO CRUCIAL
Terça-feira 1 de Agosto

1. REUNIÃO COM O BANCO
Assuntos a discutir em relação ao empréstimo:
    a) *Timing* – a autorização do Estado é meramente processual?
    b) Pedir para começar o pagamento do empréstimo passados 18 meses;
    c) Há alguma maneira de acelerar a autorização?
    d) Incluímos despesas para as obrigações da hipoteca?
    Timing?

2. ENCONTRAR UM ADVOGADO BARATO
Questões a colocar:
    a) O empréstimo do banco pode demorar seis semanas – não há problema?
    b) Trespasse na South Molton a 14 de Agosto. O que é que envolve?
    c) Os construtores podem avançar antes de pagarmos o depósito?
    d) Em que altura temos de passar cheques?
    e) Se formos de férias – quando é que preciso estar de volta para assinar?

3. QUESTÕES TÉCNICAS
    a) Canecas da Solo dos EUA – demora até dez semanas a encomendar;
    b) Fazer lista do equipamento a comprar.

Quarta-feira 2 Agosto

1. REUNIÃO COM OS ARQUITECTOS
Assuntos a discutir:
    a) Que nos expliquem exactamente em que é que o processo envolve o nosso *input* – temos de estar em contacto diário – por exemplo escolher as cadeiras? Quanto tempo demora a equipar a loja?
    b) Orçamentos e limites de custo feitos pelo Bobby;
    c) Logotipo – podem ajudar-nos com isso?
    d) Conseguem ajudar-nos a encontrar equipamento?

2. COLABORADORES
    a) Encontrar um gerente – investigar noutros cafés ali à volta?
        Empresa de recrutamento?
        Anunciar no *Evening Standard, TNT, LOOT, Hotel Caterer*;
    b) Encontrar empregados de bar – colaboradores à hora;
        Investigar ali à volta, por exemplo Pret a Manger;
        Colocar anúncio no *TNT, Evening Standard*;
        Contactar universidades – embaixada dos EUA (talvez tenham trabalhado nas lojas de café norte-americanas);
        Hotel Caterer (a revista de indústria) tem uma Linha de Apoio;
    c) Verificar a situação dos pagamentos:
        Quanto pagamos?
        Quanto de impostos e de seguro?
        Algumas questões legais relativamente a formação?
    d) Bónus de incentivo – (parece óptimo, mas como diabo vamos fazê-lo) falar com um contabilista. Adoro as *Bean options* da Starbucks.
    e) Formação – como é que damos formação aos nossos colaboradores:
        Técnica, ou seja, trabalhar com a máquina de café/fazer bebidas;
        Motivacional – ou seja, abordar cada cliente com entusiasmo;

f) Uniformes

T-shirt, avental, boné de basebol;

Perguntar aos arquitectos;

Higiene pessoal? Como é que se pode incutir isso?

3. MENU
Finalizar as ideias do menu e preços.

4. EQUIPAMENTO
a) Máquina de café - Fechar o contrato com a Cimbali;

Fazer as provas de degustação;

Ter a certeza sobre formação;

Prazos de entrega;

b) Moinho:

O fornecedor de café oferece um moinho grátis?

Ver com a Cimbali. Qual é o melhor?

c) Caixa registadora:

Pedir conselhos sobre os tipos de máquinas a contabilistas;

Ver que tipos de máquinas têm na Seattle e na Pret a Manger;

Comprar ou alugar?

d) Expositores:

Telefonar a empresas nas Páginas Amarelas;

Ver todas as brochuras que temos;

Investigar. Compramo-los ou construímo-los?

e) Ver se precisamos de:

Máquina de gelo? (bebidas de café geladas são obrigatórias);

Torradeira? Adoramos torradas ou é impraticável?

Frigorífico? De que tamanho?

f) Equipamento de balcão:

Dispensadores de especiarias – temos de ter os quatro! Cacau, baunilha, noz-moscada, canela. Não consigo encontrar nenhum bom cá – mandar vir dos EUA;

Dispensador de açúcar ou saquetas - Esqueci-me o que é que têm em Nova Iorque;

Recipiente para bolos e *bagels* - vou simplesmente à Habitat?

Frascos de *biscotti*. Não consigo encontrar nenhum cá – mandar vir dos EUA;

g) Equipamentos de cozinha mais pequenos? Facas para cortar bolo. Lojas para a restauração?

5. ABASTECIMENTOS

a) Canecas de papel:

As que trouxe de Nova Iorque eram da Solo – EUA?

Não existem fornecedores cá;

Tempo de encomenda dos EUA – 8 a 10 semanas;

Podemos imprimir o logotipo ou, em vez disso, pomos autocolantes?

Exactamente de quantas é que precisamos? Não faço ideia!

b) Canecas de louça:

Precisamos mesmo delas?

Lavagem? À mão ou à máquina;

Investigar preferências;

c) De que mais é que precisamos?

Colheres /facas/garfos de plástico (Não daqueles muito fininhos);

Guardanapos (Dos grossos e com logotipo);

Copos para água (Uma boa ideia que vi em Nova Iorque);

Sacos (Com logotipo e umas boas asas – topo de gama);

Copos de sumo de laranja (Com o nosso logotipo);

Papel para os bolos (À prova de gordura);

Canela, baunilha, noz-moscada por atacado para cobertura;

Sainsburys?

6. FORNECEDORES DE BEBIDAS

Encontrar fornecedores e preços para:

    a) Café

    b) Leite. O homem do leite terá capacidade para entregas tão grandes?

    c) Sumo de laranja. (Aqueles de laranjas acabadas de espremer.)

    d) Açúcar, branco e amarelo. O mel é obrigatório em Nova Iorque!

7. ALIMENTAÇÃO

    a) Bolos & *muffins* – de quantos precisamos? Sem gordura?

    b) *Bagels*. Brick Lane é melhor.

    c) *Biscotti* – ninguém sabe o que são!

    d) *Croissants* e material para pequeno-almoço St Quentin é o melhor mas não fazem entregas.

    e) Bolachas de chocolate – bolachas com pepitas de chocolate.

    f) Sandes – de que tipo? Não faço ideia!

8. *MARKETING*

    Design e preço.

    Cartões de cliente – a décima bebida é grátis. Copiar os que trouxe de Nova Iorque;

    Carimbos para cartões de cliente – é boa ideia mandar fazer carimbos CR?

    Folhetos. Para informar os clientes sobre a nossa vasta gama de cafés.

    Cartazes. Para ajudar os clientes a encomendar as suas bebidas feitas a pedido.

9. MÚSICA

    Comprar aparelhagem. Normal ou um especial para a loja?

    Da Dixons? CD ou cassete?

    Ou sem música?

    Tem de ser clássica /barroca/ Pavarotti.

7 em funcionamento

SE O CONSTRUIR, TERÁ CLIENTES?

Vendemos a ideia a nós próprios, depois aos gerentes dos bancos, depois aos fornecedores. Agora era a altura da nossa maior e mais importante venda: a venda aos clientes. Tínhamo-nos preparado para esta venda final durante um ano inteiro.

Era a noite de 3 de Novembro de 1995, quase exactamente um ano depois da nossa conversa no restaurante tailandês, e a Coffee Republic estava prestes a abrir as suas portas pela primeira vez. Estávamos prestes a conhecer os clientes que até agora apenas tínhamos imaginado.

Como é que podemos descrever o primeiro dia? Depois de meses de sonho, mais meses de planeamento e ainda mais meses do que os anteriores de frustrações na execução dos planos, a primeira vez que abre as portas e encontra os seus clientes é... entusiasmante? É transformadora? Emocionante? O que é que diria?

qualquer um consegue

A nossa resposta é – assustadora! À medida que caminha pela primeira vez em direcção à porta com a chave na mão, percebe – se ainda não tinha percebido antes – como é mais fácil apenas sonhar com uma ideia do que realmente colocá-la em prática.

Passámos meses imersos numa combinação de entusiasmo e determinação, por isso nunca parámos um momento para nos interrogarmos. Navegámos até à abertura numa onda de autoconfiança e euforia, que acabou precisamente às 19 horas da véspera do dia da inauguração.

A noite anterior à abertura foi como a noite anterior a um exame importante. Nervos a sério! De repente, o burburinho e a actividade do ano que passou tinha acabado e instalou-se um silêncio arrepiante em nossa casa. A sede da Coffee Republic era agora a South Molton Street e não a nossa sala de estar e, de repente, toda a papelada e ficheiros que tinham sido o centro da nossa vida durante tanto tempo, estavam lá. Estávamos a horas de encontrar o nosso público pela primeira vez e de vermos os nossos sonhos postos à prova. Tínhamos controlado todas as variáveis que podíamos, as outras estavam fora do nosso controlo. Tal como na noite antes de um exame para o qual estudámos e nos preparámos durante um ano inteiro, interrogávamo-nos sobre o que mais poderíamos ter feito.

Conseguimos lembrar-nos dos mais pequenos e estranhos pormenores dessa noite, coisas como a luz e a temperatura e exactamente o que fizemos. O que mostra como estávamos nervosos. Era dia 3 de Novembro, quando os relógios mudam para a hora de Inverno e ainda não se está habituado a que fique escuro tão cedo. Arrumámos os nossos papéis e lista de afazeres e descobrimos que ainda havia uma tarefa que faltava: Ir buscar os *biscotti*!

Sendo os *biscotti* obrigatórios na cultura dos cafés dos EUA, Sahar não estava disposta a abrir a loja sem eles. Apesar de os *biscotti* italianos se encontrarem facilmente em Londres, achámos que era uma parte importante da

em funcionamento

nossa mensagem ter *biscotti* ao estilo norte-americano nos frascos apropriados. Estes são muito mais duros, por isso podem mergulhar-se na bebida para que amoleçam, e têm sabores muito "Coffee Republic", como framboesa, baunilha e chocolate de avelã.

Só no último momento é que Sahar soube de uma senhora norte-americana que os cozinhava ela mesma e, uma vez que tinham um longo processo de cozedura (por alguma razão têm de ser cozidos duas vezes), ela só os conseguia ter prontos às 20 horas da noite antes da abertura.

Então, depois de termos ido buscar os *biscotti* passámos a noite antes da grande abertura a fazer provas de roupa com a Tanya, o Max e o Miguel. O inglês dos dois últimos estava lentamente a melhorar, à medida que se iam sentindo cada vez mais confiantes com a linguagem da Coffee Republic que lhes tínhamos ensinado! A sempre fiel Eva também lá estava, certificando-se de que os nossos 5 Ms estavam em ordem e a fazer tudo o que podia para acalmar os nossos nervos.

Nervos? Nós estávamos nervosos com tudo aquilo com que alguém se pode preocupar, especialmente as encomendas dos fornecedores para o primeiro dia, como o leite e os produtos alimentares. Encomendar o equipamento tinha sido fácil, porque era fixo e nós tínhamos conseguido visualizar exactamente como é que iria ficar. Mas os produtos como o leite e os bolos não eram compras previsíveis. Eles dependiam dos clientes e de quantos destes produtos é que iam encomendar.

Não havia forma de conseguirmos antecipar ou controlar isso. Será que devíamos encomendar 20 *muffins*, ou 50 ou cem? Devíamos mandar vir mais bolo de cenoura do que bolo de chocolate? Quantos litros de leite? Tanto de leite magro como de gordo? E meio-gordo? Era tentar adivinhar o que é que os clientes iriam pedir e, infelizmente, não existia um manual ou uma fórmula mágica para nos ajudar a ter os palpites certos. Se alguma vez teve de fazer o pedido num restaurante para um amigo, compreende o difícil que isto foi.

No fim, fizemos as coisas da maneira mais científica que nos conseguimos lembrar: tentámos adivinhar todos os pedidos e rezámos para que não ficasse longe de acertar! E assim chegámos ao:

Dia de abertura da Coffee Republic...

Como pode imaginar, nenhum de nós dormiu muito naquela noite! Estávamos fisicamente exaustos, mas mentalmente foi uma noite às voltas na cama com a pergunta a ecoar na nossa cabeça: E se não tivéssemos clientes? Não era uma preocupação do género de um pesadelo, mas mais uma dúvida escondida e permanente a pairar na escuridão.

Sahar não parava de cantar a melodia do filme *Dirty Dancing*, "please, please, stay just a little bit longer..."*, a imaginar-se a si própria a rogar aos clientes que passassem mais tempo a experimentar as delícias da Coffee Republic.

Por isso, como pode imaginar, andávamos a passear nos corredores da casa às cinco da manhã, apenas a algumas horas de vermos o nosso sonho tornar--se realidade. Ficámos aliviados por não estar a chover. Tínhamos escolhido arbitrariamente que a hora de abertura seria às 9 da manhã, calculando que as lojas locais abririam às dez, uma hora depois.

Tínhamos duas entregas naquela manhã. Sahar foi buscar os *croissants* e os bolos a St Quentin e Bobby foi a Fulham Road buscar os *bagels*. Às 8h30 havia uma pequena multidão reunida à porta da loja. Não conseguíamos acreditar, mas eram os colaboradores das lojas da vizinhança que estavam cheios de curiosidade.

Finalmente, às 8h57 rasgámos cerimoniosamente o papel castanho e Max abriu a porta! Em minutos, os nossos 80 metros quadrados de espaço estavam a abarrotar. Começou logo a formar-se uma fila. Vida real: clientes vivos, a respirar! A pressa tomou-nos de surpresa, pois pensávamos que os clientes iam

---

* N. T. "Por favor, fica apenas mais um pouco..."

em funcionamento

chegar gentilmente, um a um, dando-nos tempo de os conduzir pelo nosso maravilhoso menu. Em vez disso, eles entraram em grandes grupos, como se nós lá estivéssemos desde sempre e eles bebessem *lattes* de caramelo há anos. Por momentos achámos, ridiculamente, que os clientes estavam a fazer a nossa linda loja parecer desarrumada e a tapar a vista de toda a comida que tínhamos exposto! Às 11 horas da manhã, tinha-se instalado o caos total.

A Tanya, o Max e o Miguel não paravam um minuto. Já tínhamos esgotado a maior parte da nossa comida e nenhum deles tinha um momento para ir à cave buscar reabastecimentos. Como a área atrás do balcão era pequena, não havia nada que pudéssemos fazer do outro lado. Custava-nos ver os expositores vazios e os clientes a abandonar a longa fila, mas não havia nada que pudéssemos fazer. Era como se o diálogo entre a Coffee Republic e os seus clientes já tivesse começado e nós não o conseguíssemos influenciar em alguma forma. Felizmente, muitos amigos nossos apareceram para nos oferecer apoio e foram incrivelmente úteis, especialmente quando lhes pedimos que ficassem lá fora se a loja estivesse suficientemente cheia! Quando ficámos sem leite magro, um deles foi a correr ao supermercado comprar oito litros.

Dizem que os empreendedores devem "esperar o inesperado". Nada é mais verdadeiro. Tínhamos sempre visualizado uma imagem perfeita do cliente da Coffee Republic: não eram crianças a gritar! Por qualquer razão, nunca tínhamos previsto que estes clientes imaginários entrassem com os filhos. Contudo, a realidade é que era um sábado de compras de Natal e havia muitas crianças, algumas delas frustradas, cansadas e fartas de compras; nós não podíamos dizer "é o nosso primeiro dia, por favor diga gentilmente ao seu filho para não deitar o sumo para cima dos outros clientes!" Bobby ficou tão frustrado com uma criança que pôs os seus brinquedos em cima dos nossos balcões já de si cheios, que um amigo teve de o levar a passear por Hannover Square para que acalmasse, na esperança de que a criança já lá não estivesse quando regressassem.

Podia muito bem tratar-se de um *sketch* cómico. Quando Sahar, que normalmente considera que receber flores é um dos gestos mais simpáticos reconhecidos pela mulher (ou um homem!), recebeu um lindo ramo a felicitá-la pela abertura da loja, ficou preocupada e entrou em pânico porque poderiam sobrelotar a loja já de si cheia. Não sabendo o que fazer com elas, deu-as a um amigo que a tinha ido felicitar para que se desfizesse delas de uma maneira qualquer!

Felizmente que o senhor Lindop (o amável gerente do banco), que tinha ameaçado visitar-nos, não veio. Entre o caos e a anarquia, era mais uma situação com que não tínhamos de lidar. Ambos já estávamos com um aspecto suficientemente abatido.

No fim do dia mais longo das nossas vidas, fechámos as portas às 19 horas. A Tanya, o Max e o Miguel caíram literalmente para cima uns dos outros. Tivemos sorte, pois o dia seguinte era domingo e eles puderam descansar, porque, de outra forma, ter-nos-iam abandonado logo ali. Nesse dia, facturámos 500 libras. Foi fantástico; tínhamos contado com 300 libras e atingiríamos o *break--even* com 600 libras. Sentimos que tínhamos conseguido.

> *No Alquimista, Paulo Coelho descreve o princípio do favorecimento. Ele diz: "Quando jogas cartas pela primeira vez, é quase certo que irás ganhar. Sorte de principiante... porque há uma força que quer que realizes o teu destino; aguça-te o apetite com um gosto pelo sucesso."*

Isto descreve bem o nosso primeiro dia. Houve ali muita sorte de principiante. Foi, na prática, o primeiro sábado de compras de Natal. A nossa parte de sorte de principiante acabou-se na segunda-feira seguinte: fizemos apenas 215 libras e foi sempre assim daí para a frente, todos os dias da semana, durante meses e meses.

em funcionamento

> *"Toda a procura se inicia com a sorte de principiante. E toda a procura termina com os vencedores a serem duramente testados"*
>
> O Alquimista

Janeiro foi um verdadeiro choque para nós. A euforia da abertura tinha passado e as nossas vendas durante a semana estavam ainda abaixo das 200 libras. E não tínhamos os sábados de compras de Natal.

Para piorar ainda mais as coisas, os problemas iniciais inevitáveis por que passam todos os negócios estavam a começar a aparecer. A auto-suficiência é basicamente um remédio de muito curto prazo e torna-se impossível de aplicar ao longo de um período de tempo muito extenso, por isso já não era a resposta para todos os desafios que encontrávamos.

A nossa recolha pessoal de *croissants* e *bagels* de manhã e de sandes à hora de almoço estava a roubar de forma esgotante do nosso tempo, já para não falar do facto de ser pouco económico. Uma vez que tínhamos de estacionar em lugares proibidos para fazer a entrega, o custo das nossas multas de estacionamento excedia em muito as receitas das vendas.

A senhora que fazia os *muffins* e os bolos sem calorias não estava aguentar a pressão das entregas diárias. Atrasava-se algumas manhãs e uma vez até perguntou se podia não entregar de todo no dia seguinte, uma vez que estava a planear um fim-de-semana prolongado. Sahar tinha finalmente percebido que ela tinha começado a entregar *muffins* congelados e que apenas os caramelizava todas as manhãs para os fazer parecer frescos.

A nossa inexperiência em matéria de colaboradores também estava a fazer-se notar. Agora não conseguimos acreditar que costumávamos ser nós a fazer as escalas de serviço semanais dos empregados de balcão. Os turnos que tínhamos atribuído eram provavelmente demasiado longos. Ao trabalharem muitas horas, cinco dias por semana, a Tanya, o Max e o Miguel estavam a ficar cansados e incapazes de aguentar. Demos o nosso melhor para os motivar novamente, mas estava a tornar-se uma luta contra a corrente. Contratámos mais colaboradores (outros amigos do Max e do Miguel da Pret), mas, como não estavam a ser geridos correctamente, nada ajudava.

Tudo o que podia correr mal começou a correr mal...
Os colaboradores começaram a adormecer e a abrir a loja tarde. O homem do leite deixava as vasilhas à porta da loja nas primeiras horas da manhã e, quando chegávamos, metade delas já tinham sido roubadas.

Um dia que nunca esqueceremos foi quando os nossos *espressos* ficaram salgados, mesmo muito salgados. Nós filtramos a água que usamos para o nosso café, mas o fornecedor não nos tinha dito que o filtro tinha de ser mudado todos os meses. Senão, cada *espresso* ficava com o equivalente a três colheres de sal. Nesse dia, felizmente, Sahar foi o décimo cliente. Ela ainda se lembra do gosto horrível do seu *latte* e de pensar que os outros nove clientes estavam ali a provar aquele líquido asqueroso! Por sorte, todos voltaram. Demos a cada um deles um queque grátis, bem como um café de substituição e esperámos que nos tivessem perdoado pelo nosso erro.

Desde aquele dia, a Coffee Republic estabeleceu a regra de que, antes da abertura de cada dia, os colaboradores têm de provar eles próprios os primeiros três *espressos*.

Por um lado, estávamos a lidar com o inesperado a todo momento e, por outro, as vendas continuavam estagnadas.

Lembramo-nos perfeitamente de estarmos sentados à janela, todos os dias, a ver os nossos clientes-alvo a passar. O movimento estava lá, os empregados de escritório, quem andava às compras, os transeuntes de que tínhamos falado, todos estavam ali a passar debaixo dos nossos narizes, mas não entravam. Tinham as suas rotinas e parecia que nós não fazíamos parte delas. Pior ainda,

em funcionamento

muitos deles passavam com canecas de plástico na mão, mas não demonstravam qualquer interesse pela nossa loja. Nem sequer sentiam uma pequena curiosidade pelo nosso conceito totalmente novo.

Para conseguirmos atrair a sua atenção todos os dias depois da hora de ponta, mandávamos o Max ou o Miguel para a rua oferecer amostras. Mas nem a visão de empregados de balcão com uniformes a oferecer *lattes* de baunilha gratuitos e miniaturas de *muffins* sem calorias estava a funcionar para quebrar a rotina diária de quem passava.

Onde é que estavam todas as colaboradoras da Condé Nast? Sahar estava convencida de que *lattes* magros e *muffins* sem calorias iriam atraí-las, mas nunca as vimos. Sahar até instalou uma banca na Semana da Moda em Londres e ofereceu pessoalmente *lattes* e bolachas de chocolate. Nem isso fez a diferença.

Como havia pouco que pudéssemos fazer até as nossas vendas começarem a aumentar, a nossa rotina diária de estarmos sentados na loja a rezar para que quem passava entrasse estava a tornar-se incrivelmente desmoralizadora. Ali estávamos nós, uma advogada e um consultor, numa loja de 80 metros quadrados, a trabalhar dia e noite e a não conseguir resultados. Mas, por qualquer razão, não desistíamos.

Em finais de Março considerámos desistir, especialmente o Bobby. Mas Sahar não admitia outra hipótese senão fazê-lo funcionar e continuava a acreditar a cem por cento que estavam no caminho de algo importante e que, mais cedo ou mais tarde, todos iriam concordar. Além do mais, ela tinha finalmente encontrado a chave do tesouro que é adorar o que se faz e nunca consideraria voltar para a advocacia.

Bobby, por outro lado, estava numa situação completamente diferente. Ainda tinha em aberto uma oferta do Lehman Brothers. Uma oportunidade para uma saída que era segura e muito lucrativa. Quase fez as malas em Março, quando os seus ex-colegas do Lehman lhe telefonaram radiantes para contar sobre os seus bónus de seis dígitos e ele não tinha nada para mostrar pelo seu trabalho na Coffee Republic.

qualquer um consegue

Mas o compromisso e paixão de Sahar convenceram-no a tentar mais uma vez. Sahar lembra-se perfeitamente do dia em que a situação atingiu o limite. Foi na terça-feira depois da Páscoa e ela estava a fazer as contas da Coffee Republic na mesa da cozinha, quando Bobby lhe veio dizer que estava a pensar desistir.

Sahar nunca julgou ser capaz de persuadir Bobby a mudar de ideias, uma vez que sabia que a fraqueza do seu argumento residia no facto de a Coffee Republic ser para ela uma questão muito afectiva. Apesar de todos os negócios precisarem de alguém com paixão e afectividade, as decisões empresariais precisam de ser tomadas de uma forma inteiramente desapaixonada. Sahar sabia que sentia a Coffee Republic de uma forma demasiado apaixonada para conseguir apresentar a Bobby um argumento empresarial racional que o convencesse a ficar.

Por isso, telefonou a um amigo comum, George, que era extremamente inteligente e conseguia sempre ver tudo com muita clareza e dizer as coisas com frontalidade. Bobby respeitava a sua opinião, mas a "arma secreta" de Sahar era que ela sabia que George sempre tinha achado a Coffee Republic uma ideia fabulosa.

George concordou ajudar e, depois de um dia de conversa com Bobby, conseguiu convencê-lo a ficar. Nunca nos esqueceremos do que ele fez por nós naquele dia, o que mostra a importância de se ter o apoio dos amigos nos momentos em que o nosso moral está a fraquejar.

É costume dizer-se que é sempre mais escuro antes do amanhecer, mas que o amanhecer acaba sempre por surgir. Isto pode ser verdade, mas, por tudo o que passámos nesses primeiros seis meses, podemos dizer-lhe que era mesmo muito escuro. Às vezes pensávamos seriamente quando, ou mesmo se, a luz alguma vez iria brilhar.

Napoleon Hill, no seu *best seller* clássico *Pense e Fique Rico** refere-se ao teste da persistência. Ele acredita que "há um guia escondido, cuja função é testar as pessoas através de todos os tipos de experiências desencorajadoras. Aqueles que se levantam depois das derrotas e continuam a tentar, conseguem e então o mundo

---

* **N. T.** Publicado em Portugal pelas Edições Asa. O título original é *Think and Grow Rich*.

grita 'bravo! Eu sabia que conseguirias!'. Esse guia escondido não deixa ninguém alcançar um grande feito sem passar pelo teste da persistência."

Para a Coffee Republic, o amanhecer surgiu na primeira semana de Abril.

Tendo sido totalmente ignorados pela imprensa até essa altura, tivemos finalmente o nosso primeiro artigo, por incrível que pareça, na revista interna da companhia aérea Aer Lingus. Pelo menos 60 pessoas apareceram com uma cópia da edição onde apareceu o artigo. Na mesma altura, Tyler Brule, o fundador da visionária revista *Wallpaper, colaborava no Independent on Sunday e escreveu um artigo influente sobre uma nova expressão da moda e classificou a Coffee Republic como um dos exemplos de um novo "luxo acessível".

Seguiram-se artigos nas edições de Abril da Vogue e da Tatler. A Vogue dizia: "Para quem pensava que a escolha de café se limitava a simples ou com leite, a selecção da Coffee Republic é fantástica." Eles recomendavam os nossos Lattes de Canela e, consequentemente, a venda de Lattes de Canela explodiu.

Os artigos tiveram um impacto imediato nas nossas vendas. A curva estava finalmente a subir a nosso favor.

> **Tínhamos passado no teste da persistência!**

Com a nova injecção de energia que tínhamos ganho com o interesse da imprensa, trabalhámos para aperfeiçoar o conceito ainda mais. Queríamos chegar a uma clientela mais vasta e percebemos que estávamos a atrair sobretudo clientes de elite. Os artigos da imprensa chamaram a atenção para isso ao falarem do nosso "santuário desenhado por Eva Jiricna". Foi aqui que soubemos que tínhamos errado em criar uma loja de café austera e com um *design* demasiado arrojado e que, por isso, intimidava o homem comum do autocarro para Clapham (uma expressão que Sahar aprendeu durante os seus tempos de advocacia).

Como estava fora de questão gastar dinheiro com qualquer tipo de remodelação, tivemos um daqueles "momentos de instinto empreendedor" e pensámos que talvez as nossas austeras paredes brancas fossem o problema. Por isso, num domingo fomos à Homebase em Warwick Road e comprámos duas latas da tinta menos elegante de bege caramelo que conseguimos encontrar no catálogo de cores. Era o tipo de coisa que teria deixado Eva Jiricna horrorizada ou alguém com o mínimo de bom gosto!

Houve um pequeno desacordo na Homebase, quando Sahar estava igualmente horrorizada com a cor e protestava veementemente (sim, deitou lágrimas) que estávamos em risco de perder alguns dos atributos *cool* que tão arduamente tínhamos ganho! Mas Bobby provou estar certo. A mudança para uma cor mais calorosa funcionou; o tom bege caramelo transformou logo a loja, que ficou muito mais acolhedora.

Uma semana mais tarde, vimos o que tínhamos imaginado desde sempre – o homem que conduzia o camião do lixo ao longo da South Molton Street parava à porta da nossa loja e ia para a fila comprar o seu *Grande Mocha* ao lado de homens de negócio, assistentes de loja e estilistas. Para nós, este momento transmitiu-nos um verdadeiro sentimento de realização. Tínhamos lido nalgum lado que "nem todos podem pagar um carro de luxo, umas férias de luxo ou uma refeição de luxo, mas todos podem pagar um café de luxo". E tínhamos conseguido proporcioná-lo.

O maravilhoso de se ter um excelente produto é que só precisa que o experimentem uma vez. Nós "convertíamos" os clientes individualmente ao dar-lhes uma experiência positiva. O "passa palavra" tomava conta do resto.

Não recorremos às tradicionais "tácticas de *marketing*", porque na realidade não conhecíamos nenhuma. Só sabíamos que a única maneira de cada cliente voltar dia após dia era sermos consistentes a oferecer uma experiência de elevada qualidade.

em funcionamento

Essa experiência iria tornar-se a parte "luxuosa" da rotina diária do cliente. Nós percebíamos isto, porque sabíamos que seria o que nos faria voltar como clientes se estivéssemos no seu lugar – e nós já estávamos no seu lugar, por isso tudo funcionou!

Com todo o trabalho árduo, receios e preocupações, também houve alguns momentos cómicos. A nossa história mais engraçada aconteceu quando, depois de muita persuasão, obtivemos autorização da Câmara para pôr dois bancos à porta da loja da South Molton Street. Esta ideia foi de Sahar, que se inspirou numa loja de café em Spring Street em Soho, Nova Iorque, e que sempre tinha sonhado fazê-lo na Coffee Republic. A ideia era que os bancos permitissem aos clientes sentar-se lá fora e ver o mundo a passar enquanto bebiam o seu *latte* gelado.

Encontrámos nas Páginas Amarelas a empresa que fornecia os bancos de jardim e, depois de muito estudo, encomendámos dois "Mendips" (ficaria surpreso por saber que há bancos de jardim de 20 tamanhos e feitios diferentes, mas o "Mendip" era o nosso estilo, com braços largos onde pousar a caneca de café).
Estávamos ansiosos pela entrega dos bancos em Abril, quando o tempo primaveril tornava Londres um local óptimo para se sentar e saborear. Como pode imaginar, a entrega de produtos muito procurados demora sempre mais tempo do que se espera ou calcula.

Na data prevista da entrega, Sahar estava sentada em casa à espera de uma chamada da gerente da South Molton Street a confirmar a chegada dos bancos. Ao meio-dia ainda não tinha recebido qualquer chamada e Sahar estava a ficar impaciente. Curiosamente, mesmo quando estava a pensar telefonar para a fábrica, foi distraída pelo que parecia ser uma fila de trânsito terrível a entupir a idilicamente tranquila e outonal Kensigton Street. Havia carros a apitar e um burburinho de condutores a saírem dos carros para orientar o trânsito. Percebeu com horror que um camião articulado com cerca de dez metros de comprimento estava a tentar entrar na sua estreita rua residencial. Quando o dito veículo virou para a sua rua, deixando atrás de si um rasto de destruição da paz da vizinhança, Sahar viu, com grande embaraço, uma imagem de bancos de jardim parecidos com os "Mendips" pintada no veículo. Eles estavam a entregar os bancos em casa dela!

Depois de reencaminhar o condutor, a loja da South Molton Street ganhou os seus bancos; e os "Mendips", tal como um flautista mágico, começaram a atrair pessoas que quase se sentavam umas em cima das outras para desfrutar do trio constituído por um bom café, por lugares na primeira fila para o desfile diário de pessoas da moda que passavam pela South Molton Street e pelas alegrias da cidade na Primavera.

A história não terminou por ali. Uma manhã, uma semana mais tarde, Sahar estava a apressar-se para conseguir o melhor lugar no banco antes de chegarem os clientes quando descobriu que os bancos tinham desaparecido, deixando um grande vazio onde antes tinham estado! Alguém os tinha roubado a meio da noite. Deve ter lá ido um camião e levou-os. Ainda achamos incrível quando pensamos quem poderia querer comprar bancos de jardim em segunda mão e ainda por cima roubados. Isto ensinou-nos uma grande lição: acorrentámos os substitutos. Quando mais tarde detectámos uma tentativa de cortar as correntes, os coitados dos nossos colaboradores tiveram de tirar os bancos todas as noites – uma tarefa longe de ser fácil!

As lições que aprendemos nos nossos primeiros seis meses de funcionamento foram:

Regra #47
Não espere que os clientes apareçam em massa
O sucesso não está garantido
Os clientes, tal como o resto do mundo, não aceitam novas ideias facilmente. As coisas boas demoram tempo.

A Coffee Republic não foi um sucesso instantâneo, como sabe agora após ter lido a nossa história. Apesar de termos tido a sorte de apanhar o *boom* do café na altura certa, nada nos caiu do céu. Tivemos de trabalhar para tudo.

Tem de partir do pressuposto que os clientes, tal como qualquer outro obstáculo que transpõe (gerentes de bancos, fornecedores, agentes, etc.) não se irão converter imediatamente à sua visão.

Regra #48
De início não será fácil. Precisa de firmeza

É a sua obrigação como empreendedor manter a fé e passar o teste da persistência. Nunca desista!

A diferença entre os empreendedores de que ouve falar e aqueles de que não ouve é apenas que os primeiros nunca desistem. Há tantos obstáculos ao longo do caminho do empreendedorismo que precisa de firmeza. Mesmo quando já tiver o seu negócio montado e a funcionar, continua a precisar de se abastecer na sua reserva de empenho que já o tinha conduzido até aqui.

Regra #49
Mantenha-se concentrado

O extraordinário paradoxo do empreendedorismo é o quanto tem de estar constantemente a remar contra a maré e o quanto tem de se agarrar às suas convicções, seja qual for a etapa do percurso em que se encontre. O que nos aconteceu foi que, depois de todo o trabalho árduo que tivemos para abrir a loja, as nossas vendas foram muito reduzidas no início.

Nessa altura, toda a pressão começa a crescer e os pessimistas e agoirentos começam a dizer: "Eu bem te disse."

O que fizemos, pelo contrário, foi agarrar-nos às nossas convicções e não deixar que a pressão mudasse o nosso rumo. Continuámos concentrados na experiência do café e a acreditar no valor acrescido que estávamos a oferecer. Demorou seis meses, mas finalmente fomos compensados. Se acreditou à partida que a sua ideia era boa e o seu estudo apoia essa conclusão, então porquê desistir ao primeiro sinal de problemas? Não se torne num empreendedor se está à espera de ter uma vida fácil.

Regra #50
É uma maratona, não um sprint! Cuide bem si

Desde a fase inicial que está tão intimamente ligado à identidade do negócio que é imperativo que cuide bem de si. Reserve tempo para o exercício, descanso e para se "mimar". Coma saudavelmente e, de vez em quando, ofereça-se alguns dos pequenos luxos da vida, o que quer que faça uma diferença positiva no seu bem-estar. Se não cuidar de si, o seu negócio começará lentamente a ressentir-se. Sacrificar o seu bem-estar pelo seu negócio irá, a longo prazo, afectar o próprio negócio. O negócio é uma extensão de si.

A teoria convencional sugere que os fundadores devem parecer desgrenhados, pouco cuidados e exaustos – será um sinal de trabalho árduo. Não é! É um sinal de que não está a gerir bem o seu tempo. Precisa de energia, força e de uma forte autoconfiança para o longo e árduo caminho à sua frente. Um investidor disse-nos uma vez que começou a ficar preocupado quando viu os fundadores em que tinha investido no início a perder o controlo da sua aparência física. Para ele, era o primeiro sinal de problemas.

Por isso, continue a cuidar de si. Quanto mais forte e feliz estiver, mais forte e feliz estará o seu negócio.

"Só acaba quando cai o pano". Nada é mais verdade para a viagem empreendedora. Está constantemente a ser testado e tem de persistir constantemente. Muitos empreendedores dizem que a sua caminhada é sempre mais difícil do que se esperava e demora mais tempo do que o esperado, mas essa é a própria beleza da caminhada. É como escalar o Evereste, o entusiasmo fornece-lhe tanta adrenalina que irá passar pelos obstáculos sem perceber que eles existem.

Era aqui que nos encontrávamos em Abril de 1996. Os obstáculos e as dúvidas e os receios eram uma memória distante. Tínhamos alcançado o *break-even* e todos os dias as nossas vendas, a fidelização ao nosso conceito e o reconhecimento da nossa marca estavam a seguir uma curva ascendente. A maré tinha finalmente virado a nosso favor.

> *Lembre-se que um por cento de diferença todos os dias faz cem por cento de diferença em apenas três meses!*

8 crescimento

DO NASCIMENTO À MATURIDADE

Crescer ou não crescer?

O seu negócio está montado e a funcionar. Tecnicamente, nesta fase já "conseguiu". Conquistou todos os objectivos do seu plano de negócios. Implementou a cem por cento o seu sonho.

Por isso, é altura de pôr os pés para cima num descanso bem merecido? Ou talvez de abrir a garrafa de champanhe e recostar-se enquanto o negócio toma conta de si próprio, agora que todo o trabalho difícil está feito? Se é nisso que está a pensar, boa sorte! Se encostar agora, é provável que o seu negócio desapareça antes de ter acabado de comemorar. Tem de passar agora para a próxima fase da vida empresarial.

Regra #51
A estagnação não existe – ou se sobe ou se desce

Esta é uma realidade dura e fria sobre a qual deve reflectir: o seu negócio tem sempre apenas duas direcções possíveis. Para cima. Ou para baixo. Não existe lugar para a estagnação. Nos negócios, isso não existe. As estatísticas revelam que um negócio não pode estagnar e permanecer pequeno, nem pode alimentar a esperança de ser apenas estável. Um negócio evolui ou morre.

O que acontece é que um negócio é uma coisa viva, como um ser humano.

Segue o mesmo padrão de crescimento de um ser humano, ao passar por várias fases sucessivas. Tal como uma criança, que não se consegue tornar num adulto sem passar pela juventude, também os negócios têm de passar por fases de crescimento definidas. Estas fases são suaves, apesar de envolverem períodos de transição complexos.

> *"Até existe uma escola de pensamento formal denominada o 'modelo do ciclo de vida do crescimento empresarial', que se baseia numa analogia biológica com o desenvolvimento do ser humano e que sublinha este ponto. O modelo do ciclo de vida afirma que, tal como os humanos atravessam fases semelhantes de desenvolvimento fisiológico e psicológico, também as empresas evoluem de formas previsíveis e atravessam problemas semelhantes no seu crescimento. Gestores de empresas que estão em diferentes fases de crescimento têm diferentes tarefas e prioridades, tal como os pais de crianças de diferentes idades se encontram perante diferentes desafios."*
>
> AMAR BHIDE, *The Origin and Evolution of New Businesses*

À medida que o negócio evolui e muda naturalmente, fica vulnerável ao fracasso se não antecipar a próxima fase, porque tudo à sua volta também muda. O mercado irá mudar, o ambiente em que opera irá mudar e irá descobrir que poucas questões com que lida são constantes. Não será capaz

crescimento

de aguentar a pressão crescente da concorrência nem as pressões que o aumento das vendas irá colocar no seu negócio, a menos que tenha pensado nelas antes que aconteçam.

Por isso, seja o que for que decida fazer:
- crescer,
- permanecer pequeno,
- ou admitir a derrota,

tem de reconhecer que não pode estagnar, porque o seu negócio está a evoluir e porque tem de pensar na próxima fase e tomar uma decisão informada sobre isso. Antes de tomar alguma decisão, considere se está preparado para crescer.

PREPARAÇÃO PARA O CRESCIMENTO

Está pronto?
Se quer que o seu negócio cresça, então tem pela frente uma dura lição de realidade. Voltando à analogia que utilizámos antes, quando as crianças crescem a sua personalidade muda e o mesmo acontece com o seu negócio. Crescimento significa acrescentar novos elementos à sua equipa e novas estruturas e níveis à sua empresa. É um momento de grande compromisso e isso significa que tem de estar pronto para subir a fasquia. Também significa que tem de largar, em certa medida, a criança que originalmente trouxe ao mundo. O seu negócio tem, de certa forma, que ver com deixar o seu rosto pequeno e familiar para trás (que estava intimamente ligado ao do seu fundador) e dar novos passos em direcção a uma vida sua. Os empreendedores têm muitas vezes dificuldade em aceitar esta realidade.

O seu negócio está pronto?

Antecipou e planeou mudanças no seu negócio à medida que este foi crescendo? O seu negócio está pronto para contratar e gerir mais colaboradores? Os controlos e os sistemas estão a postos? Se acabou de criar um negócio, estes assuntos estão provavelmente a quilómetros de distância, mas nunca é cedo de mais para começar a pensar neles.

O mercado está pronto?

O mercado é suficientemente grande para aguentar o seu crescimento? Esta é a questão-chave com que se depara logo que se estabelece. Existe procura? Os clientes estão lá? Como é que a concorrência está a reagir à sua chegada e quais os seus planos de futuro? Estabeleceu uma presença no mercado? O futuro do mercado é promissor? As tendências estão a seu favor? Todos estes factores são essencialmente exteriores à sua própria organização e estão largamente fora do seu controlo. No entanto, precisa de estar diariamente atento às respostas das perguntas acima, para conseguir saber qual é a altura certa para dar o passo no desenvolvimento do seu negócio. E, se tiver planeado com antecedência, o seu negócio estará preparado para crescer quando se proporcionarem as condições de mercado certas.

A sua empresa está preparada financeiramente?

O capital é uma componente-chave do crescimento. Se a sua organização estiver pronta para crescer e a oportunidade de mercado estiver aí, irá inevitavelmente continuar a precisar de dinheiro para capitalizar o potencial que se lhe apresenta. Tem capital suficiente para crescer ou precisa de angariar financiamento? Os seus sistemas de contabilidade são fortes? Sabe de quanto precisa e quando? Os valores parecem suficientemente positivos para atrair investidores de fora?

Regra #52
Um aviso: controle a sua velocidade. O crescimento pode matar

Tem de estar pronto para o crescimento, quer de uma perspectiva pessoal quer do ponto de vista do mercado, do seu negócio e da sua conta bancária. É um erro enorme crescer antes de estar pronto. De facto, esse tipo de crescimento prematuro irá matar o seu negócio.

Tal como não se pode nascer aos cinco anos, não pode, de repente, tornar o seu negócio num império. O crescimento tem de ser feito por etapas, tal como o crescimento de um ser humano. Não se pode tornar num adulto sem atravessar todas as mudanças caóticas da adolescência. Não se pode tornar numa criança, a menos que seja alimentado em bebé.

Assistimos a bons conceitos de retalho a tentarem tornar-se cadeias muito rapidamente e a não permitirem, por isso, que os seus planos de negócios evoluam de forma orgânica, atravessando as etapas necessárias. Estes negócios não foram devidamente acompanhados e, consequentemente, não cresceram como deviam. Quando se saltam etapas, a pressão é posta noutros pontos do ciclo evolutivo e, como resultado, acaba tudo por implodir. Primeiro, a qualidade do produto ou serviço diminui e, a partir daí, a diminuição segue o efeito de bola de neve. Se quer um exemplo, veja o *boom* recente da Internet. Alguns disseram que as *dot.com* demonstravam que o pensamento sobre o potencial de crescimento tinha mudado e que era possível um negócio sair totalmente desenvolvido do ventre, sem ter de passar pelas fases iniciais que normalmente são inevitáveis num negócio. Mas olhe para o que aconteceu. O *crash* das *dot.com* mostra que, em termos de crescimento de um negócio, não há atalhos.

Por isso, se optar pelo crescimento, esteja consciente de que terá de ter a mesma paciência, persistência e compromisso que teve no início. Não pode tomar uma pílula de crescimento. Não é algo que se atinja com a obtenção de um título. É um processo longo.

Se decidiu que não está pronto para o crescimento, ou que não aspira a vir a ter um grande negócio (com as dores de cabeça e a glória que trazem), então **PARE AQUI**.

Mas esteja ciente dos perigos de permanecer pequeno. Pode estar a colocar um fim definitivo no seu sucesso. Saiba que, a certa altura ao longo do caminho, algum miúdo atrevido se irá instalar no seu bairro e roubar a sua ideia. Fez isso para começar; alguém o irá fazer a si. Por isso, mantenha-se atento.

Independentemente do que decida fazer, temos uma boa história sobre crescimento para lhe contar.

crescimento

A NOSSA HISTÓRIA
Uma história de mudança

Nunca nos sentámos a pensar realmente sobre o crescimento. Foi sempre encarado como parte do plano. As palavras exactas do primeiro plano de negócios foram: "A Coffee Republic está comprometida em estabelecer-se não como outro café, mas como a marca líder de cafés no Reino Unido."

O conceito de "cadeia" fazia parte da nossa "ideia luminosa". A nossa ideia original era ter uma Coffee Republic em todas as esquinas com grande movimento pedonal. Por isso, o crescimento era uma componente da nossa atitude empresarial.

Provavelmente podíamos escrever um livro inteiro apenas sobre o nosso crescimento de uma para cem lojas em cinco anos. Foi esta taxa que fez com a Coffee Republic fosse considerada por Deloite Touche a segunda empresa com crescimento mais rápido em 2002, no Reino Unido. Mas não vamos tentar contar-lhe a história toda. Se o fizéssemos, este livro teria de ser sobre gestão e negócios e não é sobre isso, nem é sobre a empresa Coffee Republic. É a história da viagem empreendedora dos seus fundadores. E, por natureza, à medida que uma empresa cresce, torna-se mais uma história sobre gestão e negócios do que sobre espírito empreendedor. Por essa razão, iremos relatar nesta secção a história pessoal dos empreendedores através do megacrescimento da empresa.

Essa história é sobre mudança – o empreendedor nos primeiros dias do seu negócio tem de agir como uma força da natureza, dar vida a uma ideia através de uma combinação de criatividade e energia, disciplina e organização. Certas qualidades, como já mencionámos, são necessárias para se ter sucesso. As qualidades para gerir e para fazer crescer um negócio estabelecido não são as mesmas. Na realidade, são mais diferentes do que se imagina. O negócio de sucesso depende menos da inspiração e mais de um sistema de deve e haver. De repente, o negócio que ganhou vida pela sua personalidade precisa que se torne tudo aquilo que comprometeria o sucesso no início. Agora, para ajudar a empresa que fundou, precisa de ter os atributos de um colaborador normal – e isso, para um fundador, não é fácil.

Para simplificar as coisas bem como a história, decidimos definir as etapas de crescimento da Coffee Republic de uma forma semelhante à do desenvolvimento de um ser humano. Verá aquilo que enfrentámos à medida que avançávamos para cada etapa; em cada uma, houve uma evolução lenta até ao nível seguinte.

OS ANOS DE BEBÉ – referem-se aos anos em que a Coffee Republic teve entre uma e seis lojas. Este é o período em que os fundadores e o próprio negócio eram indiferenciáveis um do outro: tal como um bebé, o negócio era totalmente dependente e tínhamos de tomar conta dos seus pormenores mais pequenos.

OS ANOS DA INFÂNCIA – foram entre as sete e as 25 lojas, o período em que a Coffee Republic estava a começar a ganhar vida própria. Começou a andar e a falar sozinha, a adquirir uma personalidade própria. Houve outros que começaram a ganhar interesse por ela. Mas ainda precisava da ajuda e orientação dos empreendedores. Nesta altura, houve a passagem da mesa da cozinha para o primeiro escritório.

OS ANOS DA ADOLESCÊNCIA – ocorreram quando o negócio cresceu e ganhou maturidade. O período turbulento da adolescência envolveu uma mudança no equilíbrio entre o império do empreendedor e o aparecimento de uma cultura organizacional independente, que ganhou raízes à medida que a organização foi crescendo. Pense em dores de crescimento e rebeldia!

OS ANOS DE ADULTO – estávamos acima do nível das 80 lojas quando percebemos enquanto empreendedores que a nossa criação se tinha tornado num adulto totalmente responsável e maduro, com a sua própria identidade. O negócio deixara de ter um carácter empreendedor e, portanto, punha em questão os nossos papéis individuais.

OS ANOS DE BEBÉ

Estamos em Abril de 1996... uma loja está montada e a funcionar.

Um aspecto importante sobre o crescimento das cadeias de retalho é que o crescimento é semelhante à clonagem. Quando tem o conceito certo, extrai o ADN e produz, de facto, um clone. Quanto maior a cadeia, mais clones tem. Contudo, se houver algo de errado com o primeiro conceito – o ADN – então todas as novas lojas irão multiplicar os problemas e irá produzir clones com defeitos. A nossa primeira missão foi, então, acertar com o ADN da loja da South Molton Street.

Para o conseguir, o papel mais importante de um empreendedor no início – quando o negócio começa a estar operacional – é ficar muito perto de tudo; ficar perto dos clientes e de todos os pormenores.

Ao vigiar de perto, irá precisar de fazer duas coisas com o novo negócio:

Regra #53
Irá precisar de adaptar e aperfeiçoar o seu conceito original

A razão por que é imperativo que faça isto é porque, enquanto esteve a imaginar e a planear o seu negócio, baseou tudo no seu instinto e numa série de estimativas aproximadas, em trabalho de projecção e conjecturas. Isto muda quando abre as portas. Enquanto antes as suas ideias não estavam testadas nem validadas, agora tem clientes verdadeiros e pode ver realmente o que funciona e o que não funciona. A única forma de conseguir ter uma imagem pormenorizada da realidade é envolver-se no dia-a-dia de tudo o que acontece.

Ao ver por si próprio os problemas e mesmo as oportunidades imprevistas, estará em condições de adaptar e modificar a sua ideia original. Contudo, tenha atenção pois a diferença será muito ténue entre modificar a sua oferta para ir ao encontro das necessidades dos clientes e modificar o seu enfoque.

Como já lhe contámos na nossa história, existirá sempre muita pressão para mudar o enfoque, pois a inclinação do universo é dizer-lhe de início que a sua ideia não irá funcionar (novamente a questão da credibilidade). Tem de se envolver, porque não basta confiar no gerente da loja, ou noutra pessoa, para lhe dizer o que vende e o que não vende, etc. Se mantiver um olhar atento aos pormenores, tendo em mente a sua visão de conjunto, estará sensível a quaisquer adaptações que seja necessário fazer e será capaz de as realizar sem abdicar da sua ideia. Já lhe contámos como adaptámos o nosso conceito de forma a torná-lo mais acessível (por exemplo, a pintura bege caramelo da Homebase). Também nos concentrámos mais no tema da saúde e na vertente "magro" (leite magro) que na altura estava a entrar na moda.

Regra #54
A auto-suficiência não é uma estratégia de longo prazo
É tempo de actualizar os seus recursos

É um facto do empreendedorismo que, como *start-up*, não irá atrair os fornecedores de recursos de que precisa, por isso trabalha com o que tem e é auto-suficiente. Mas não pode fazer isso durante muito tempo. Não é uma solução de longo prazo. Nós aprendemos através dos pesadelos que foram os problemas iniciais que já referimos (as multas de estacionamento para a nossa entrega de *croissants*, o fornecedor a pedir para ter o fim-de-semana de folga) que tínhamos subestimado a importância de dois aspectos: a escolha dos fornecedores e dos colaboradores contratados. Por melhor que fosse o produto, o visual, a marca e todos os outros detalhes, o que realmente interessava era fornecer consistência ao cliente, dia após dia, das sete da manhã às sete da noite. Aprendemos que uma má experiência desfaz cem boas experiências.

Actualizar os fornecedores

Nós realmente aprendemos uma lição na loja da South Molton Street sobre como a vida pode ser difícil para um negócio de retalho se os fornecedores forem pouco profissionais e inconsistentes. Sabíamos que tínhamos de fazer mudanças nos nossos fornecedores se quiséssemos ter mais do que uma loja ou mesmo a possibilidade de manter aquela. Com quantidades maiores, não haveria maneira de controlar, todas as manhãs, a hora de chegada dos fornecedores, como fazíamos no início!

Sendo os fornecedores uma das componentes cruciais de um negócio em expansão, decidimos passar para empresas estabelecidas e profissionais, que conseguissem ter qualidade e entregar grandes quantidades em vários locais a nível nacional.

Nesta altura, os grandes fornecedores estavam a ficar conscientes do potencial das lojas de café. Não podiam continuar a ignorá-las ou a dizer que a ideia era louca e, como esses negócios estavam erguidos e a funcionar, os fornecedores perceberam que ficariam a perder se não fizessem alguma coisa para entrar. Quando os contactámos mais tarde, já tinham mais tempo para nós e estavam dispostos a mudar as suas receitas para se adaptarem às nossas necessidades.

O *boom* também estava a trazer novos fornecedores para o mercado, especificamente direccionados para ir ao encontro das necessidades das lojas de café ao estilo norte-americano. Menos de um ano depois da nossa abertura, todos os tipos de fornecedores que não existiam antes tinham surgido entretanto, incluindo um fornecedor especializado em *muffins* (que já tinha *muffins* sem calorias entre os seus produtos) por quem teríamos dado tudo seis meses antes.

Nem conseguíamos acreditar agora que costumávamos encomendar os nossos acessórios para o café, como os termómetros para o leite e as chávenas de *espresso*, a uma empresa por catálogo norte-americana que os enviava por correio FedEx antes de cada abertura de loja. Passados uns meses, até tinha aparecido uma empresa de acessórios para café *espresso*. E uma empresa do Reino Unido começou a fabricar os nossos copos especiais de *take-away*.

A moral é, especialmente se tiver um negócio inovador, para continuar à procura de ajuda. Quanto mais provar a sua credibilidade, mais probabilidade terá de se surpreender, ao descobrir que o mercado vai ao encontro das suas necessidades e que será capaz de encontrar coisas que, no início, não existiam. O sucesso do seu negócio pode dar o "empurrão" que ajuda à criação ou expansão de outros negócios.

Fortalecer a equipa

Depressa descobrimos que, por muito que controlássemos as variáveis, a experiência do cliente da Coffee Republic acontecia realmente na relação directa entre o cliente e os nossos colaboradores. A qualidade da experiência do cliente dependia, em última análise, da qualidade dos colaboradores: como é que eles os recebiam, quão depressa os serviam e a qualidade da bebida preparada. Sobretudo porque o nosso conceito de bebidas feitas à medida do cliente era novo, os colaboradores agiam como intermediários importantes, com a tarefa de educar os clientes e recomendar novas bebidas.

Com os nossos colaboradores a desempenharem um papel tão importante no desenvolvimento da nossa identidade de marca e na construção de uma base de clientes regulares, sabíamos que tínhamos de nos concentrar em encontrar e formar indivíduos com boas qualificações e altamente motivados. O problema era que estes não se sentiam atraídos por *start-ups* com pouco historial para mostrar. A maior parte preferia um trabalho seguro e um futuro, e uma *start-up* não podia garantir nenhum dos dois.

Como referimos no capítulo anterior, a nossa falta de competências operacionais e de experiência revelava-se à medida que as vendas cresciam e exigíamos mais horas aos colaboradores. Não sabíamos como gerir o nosso pessoal e também não conseguíamos atrair bons gerentes que o fizessem!

crescimento

Tínhamos encontrado uma boa fonte de colaboradores pagos à hora através do esquema da BUNAC, que tinha uma grande base de estudantes norte-americanos à procura de trabalho em *part-time* no Reino Unido. A vantagem para nós é que a maioria estava familiarizada com o nosso conceito e já o conhecia dos EUA.

Mas de que servia ter uma boa base de colaboradores se não os conseguíamos gerir? Pensamos que a última gota foi quando, no Verão de 1996, levámos pela primeira vez um investidor (que se tornou o nosso *angel investor**) à loja da South Molton Street, tendo estado o dia todo a falar-lhe da nossa concentração exclusiva em café. Ao entrarmos na loja, deparámo-nos com uma das colaboradoras a fazer uma salada para si atrás do balcão! Foi terrivelmente desmoralizador para nós!

Olhando em retrospectiva, nesse Verão tivemos imensos "quase desastres". Tivemos o azar de nos meses de Verão ter havido uma enorme vaga de calor e nós não podermos pagar a instalação de ar condicionado na loja. Os colaboradores quase tinham insolações a trabalhar, sobretudo porque queríamos que eles usassem os bonés de basebol que eram feitos de pura lã. Num dia especialmente quente que nunca iremos esquecer, o frigorífico e a máquina registadora avariaram-se ao mesmo tempo e o leite começou a coalhar. Estávamos em pânico!

Porém, as boas notícias eram que, à medida que tínhamos mais cobertura da imprensa e a loucura do café criava raízes na mente do público, estávamos aos poucos a atrair colaboradores com uma qualidade cada vez melhor. Fomos salvos finalmente, depois de uma série de contratos catastróficos, por um novo Gestor de Operações. Ele encaixava perfeitamente no perfil do primeiro membro profissional-chave da nossa nova equipa. Apesar de possuir já uma experiência consistente em marcas de *fast food*, não era do tipo "grandes negócios", por isso encaixou perfeitamente na nossa equipa empreendedora.

---

* **N. T.** Expressão que se refere a alguém que disponibiliza capital a uma *start-up*. Literalmente significa "investidor anjo". Também é conhecido por *business angel* (anjo dos negócios) ou simplesmente *angel* (anjo).

Foi um grande alívio. A responsabilidade de contratar e gerir os colaboradores já não era nossa. Agora podíamos delegá-la num especialista. Uma tarefa a menos na lista!

Ao estarmos perto do mercado, adaptámos o conceito, renovando os nossos fornecedores e colaboradores, e criámos os alicerces para o crescimento. O ADN do clone original estava a postos. E o mercado, estava pronto?

Preparação para o crescimento: o mercado

Em Abril de 1996, o nosso mercado estava a aquecer. De facto, a situação do mercado dos cafés estava a tornar imperativo o nosso crescimento. O *boom* do café estava a fervilhar no Reino Unido e a BBC anunciava a chegada da "revolução do café". Estava a formar-se uma grande corrida para assegurar uma fatia do mercado e o nosso maior concorrente, a Seattle Coffee Company, já tinha aberto três lojas.

Por outras palavras, estava tudo a desenvolver-se rapidamente. Estavam a aparecer cafés por todo o lado. Alguns eram tentativas genuínas de conceitos de café norte-americanos, enquanto outros não passavam de "penduras" à procura da nova moda. Dizem que bastou alguém correr uma milha em menos de quatro minutos para que depois todos fossem capazes de o fazer. Achamos que era isso que estava a acontecer no mercado dos cafés. Todos os que tinham a ideia dos cafés foram encorajados com os exemplos da Coffee Republic e da Seattle. Mesmo as lojas que vendiam sandes e os restaurantes estavam a reforçar a sua oferta de café.

Foi como se o mundo inteiro estivesse a colocar grãos de café nas suas janelas; nós estávamos ao rubro. O Reino Unido tinha acordado e cheirava a café.

Como fomos os primeiros a chegar ao mercado, precisávamos de nos mexer depressa e capitalizar a receptividade e reconhecimento que tínhamos criado. Vários clientes vinham ter connosco e diziam: "Gostava que pudessem abrir uma Coffee Republic ao pé da minha casa, da casa da minha irmã, do meu escritório..." Por isso, estando prontos, o negócio pronto, o ADN completo e o mercado pronto, a única coisa que não tínhamos era dinheiro.

Preparação para o crescimento: as finanças
Tal como tínhamos feito para a nossa primeira loja, sentámo-nos à secretária para escrever um novo plano de negócios que nos permitisse encarar a próxima etapa e angariar financiamento para a mesma. Desta vez não queríamos abrir só uma loja, mas outras seis.

Desta vez conseguimos escrever um "verdadeiro" plano de negócios. Conhecíamos o negócio e o nosso conceito tinha sido experimentado e testado. Os números eram reais. No primeiro plano de negócios, todos os números tinham sido estimativas aproximadas para um negócio sobre o qual não sabíamos nada. Mas, depois da primeira loja, já não precisávamos de utilizar estimativas. Tínhamos números reais com que trabalhar. Foi uma alegria lidar com o tangível!

Durante os primeiros nove meses, fomos nós que tratámos de toda a contabilidade. O gerente telefonava-nos todas as noites e dava-nos os totais de facturação. Lembramo-nos que isso determinava o nosso humor para o resto da noite. Levávamos as folhas de caixa para casa à noite e analisávamos as vendas, pagávamos aos fornecedores, passávamos os cheques para os colaboradores e registávamos as contas num livro de balanços. Apesar de isto ser muito trabalhoso, foi importante para estarmos perto das finanças, o que nos permitiu compreender realmente o negócio em pormenor e ter o ADN financeiro certo para os próximos passos.

Tal como a auto-suficiência, esta era a única forma de sabermos quais eram os custos verdadeiros da abertura e funcionamento da loja, com que rapidez conseguiríamos atingir o *break-even* e que margens poderíamos mesmo esperar alcançar. Bobby elaborou um modelo financeiro para a expansão baseado no desempenho da nossa primeira loja. O nosso modelo dependia de as vendas alcançarem o *break-even*, por isso quando as vendas semanais da loja da South Molton Street atingiram esse ponto, sabíamos que tínhamos um bom modelo financeiro para o crescimento.

Agora tínhamos um entendimento claro de quanto dinheiro precisávamos para abrir cada *outlet*. O nosso plano de expansão era de 25 lojas em três anos, mas queríamos começar a primeira fase a abrir seis novas lojas num ano. Para atingir esse objectivo, precisávamos de angariar 600 mil libras.

Sabíamos que, para esta quantia, os empréstimos não eram realmente uma opção. Por isso, tivemos de aceitar o facto de que, para conseguirmos angariar o financiamento de que precisávamos, tínhamos de abdicar de alguma parte da nossa empresa. Pela primeira vez, tínhamos de abdicar de uma parte do nosso negócio.

Estávamos relutantes em recorrer aos principais fundos de capital de risco, pois preocupava-nos que quisessem uma parcela muito grande do negócio em troca do seu investimento. Enquanto estávamos a ponderar alternativas, Bobby encontrou um anúncio da Venture Capital Report (VCR) no *Financial Times*. Ele nunca tinha ouvido falar da VCR, mas o anúncio oferecia tudo o que estávamos à procura.

"A VCR é a mais antiga agência do Reino Unido que promove a ligação entre investidores e negócios empreendedores à procura de capital próprio. A VCR é publicada mensalmente e apresenta propostas de negócio de empreendedores que procuram capital entre as duas mil e os dois milhões de libras. Os 750 subscritores da VCR são predominantemente investidores privados, popularmente conhecidos por *'business angels'*." Nós colocámos imediatamente um anúncio na edição de Maio.

Regra #55
Procure o dinheiro inteligente. Além de capital, os angels *também trazem experiência*

Os telefonemas começaram a "chover" no dia em que a edição da revista saiu. Os *Business Angels* eram exactamente o que precisávamos nesta fase, sobretudo porque a maioria eram empresários de sucesso e traziam consigo a vantagem adicional da experiência do seu próprio negócio. Ficámos muito entusiasmados por receber telefonemas interessados de figuras tão famosas do mundo empresarial que queriam investir no nosso projecto. Muitos deles tinham presenciado em primeira mão o *boom* do conceito de café nos EUA e estavam muito interessados em participar no processo de trazê-lo para o Reino Unido.

Fomos inundados com ofertas logo quando começámos a reunir-nos com potenciais investidores. Dava ideia que nos estavam a entrevistar, mas nós também os estávamos a entrevistar a eles. Trazer um investidor de fora é como trazer alguém para sua casa. É mais do que dinheiro; precisa de se dar bem e ter a mesma visão e perspectiva.

Regra #56
Não aceite simplesmente o primeiro cheque que lhe ofereçam – trazer um investidor é como convidar alguém para viver em sua casa

Entrevistámos todos os nossos potenciais *angels* no sofá da nossa sala de estar. Conversámos todos bastante para ter a certeza de que concordávamos nas questões importantes. Rapidamente se tornou óbvio quais aqueles com quem não conseguiríamos trabalhar ou, mais frequentemente, quais aqueles com quem não quereríamos trabalhar. Alguns eram demasiado insistentes e intrusivos e até nas entrevistas já nos estavam a dizer o que fazer!

Encontrámos finalmente o par certo, apesar de no início não ter sido óbvio. Tínhamos conhecido muitos *angels* que eram exactamente como se imagina que deve parecer um verdadeiro *angel investor*, mas havia um que era totalmente fora do vulgar. Moderno, sofisticado e excêntrico são as palavras que ele não se importaria que usássemos para o descrever. Tal como com a aparência do primeiro gerente de banco, enganámo-nos mais uma vez. Ele era um empreendedor altamente bem sucedido, tinha fundado uma marca muito famosa que acabara por vender e este era simplesmente o seu estilo. Demo-nos imediatamente bem. Confiava em nós como pessoas e na visão que tínhamos para o conceito. Passámos bastante tempo com ele a partilhar a nossa visão. Levámo-lo a dar uma volta pela concorrência. Ele foi o tal que, depois de lhe termos explicado que estávamos "inteiramente concentrados em café", viu uma das nossas colaboradoras a fazer uma salada atrás do balcão!

Por outro lado, confiámos nele imediatamente e valorizávamos a sua experiência e conhecimento. Mais importante ainda, gostávamos de partilhar os nossos sonhos com ele. De facto, a nossa escolha foi uma das melhores decisões que alguma vez tomámos; até hoje, é uma parte importante da Coffee Republic. A propósito, saiu depois de ter ganho cinco vezes o seu investimento inicial.

Regra #57
Não traga para bordo muitos pequenos investidores

A única condição que nos colocou foi que queria ser o único investidor e, como tal, estava disposto a disponibilizar toda a quantia de que precisávamos. Isto funcionou na perfeição, uma vez que não há nada pior do que ter vários pequenos investidores a quem precisa de prestar contas, o que pode significar uma quantidade de tempo enorme. Isso é uma distracção tanto para si como para o seu negócio. Assinámos rapidamente toda a papelada e em Julho estávamos prontos para embarcar na nossa etapa de crescimento seguinte.

Preparação para o crescimento: o negócio

O dinheiro do nosso *angel* chegou ao banco em Julho e nós embarcámos imediatamente na etapa seguinte do nosso crescimento. Basicamente, recebemos as 600 mil libras de que precisávamos em duas vezes. O grande alívio foi que

crescimento

tínhamos, pela primeira vez, capacidade para conseguir ganhar um salário. Trinta mil libras para cada um ainda era muito menos do que podíamos estar a ganhar se tivéssemos ficado nos nossos antigos empregos, mas ainda assim era melhor do que nada.

Outro aspecto positivo foi que o nosso *angel* nos apresentou a alguém que também iria desempenhar um enorme papel no crescimento da Coffee Republic. A nossa papelada e contabilidade, já de si volumosa, iria tornar-se impossível para organizarmos se existisse mais do que uma loja. Por isso, o nosso *angel* trouxe-nos o nosso primeiro contabilista, Marco Donghi.

Todas as sextas-feiras, ele aparecia e entregávamos-lhe na nossa mesa da cozinha todas as folhas de caixa e a papelada, e fazíamos todas as contas e cheques de pagamento. Ele tinha um trabalho diurno, por isso durante os primeiros nove meses fez o trabalho da Coffee Republic à noite.

A entrada do capital também significou que, pela primeira vez, estávamos numa posição de fortalecer a nossa gestão de marca e o *marketing*. Podíamos pagar a um *designer* para fazer um logotipo como devia ser. Esta era a tarefa-chave que restava da nossa lista de tarefas antes de abrirmos a segunda loja. Queríamos que o nosso grafismo e a imagem estivessem finalmente certos. Para a primeira abertura, fomos auto-suficientes e fizemos quase todo o grafismo (a maioria nós próprios) com um orçamento apertado. Agora, com o conceito bem sucedido e o dinheiro no banco, tínhamos capital para perder tempo com os aperfeiçoamentos necessários para tornar a nossa mensagem mais forte.

Sabíamos que o nosso logotipo não era suficientemente forte e diferenciado para estabelecer uma presença de marca por Londres inteira. Era facilmente imitado e já tinha sido copiado por um café em Gloucester Road.

Continuávamos a não querer ir às grandes agências de marcas, primeiro porque não podíamos pagá-las mesmo com mais capital e, segundo, porque tínhamos uma boa ideia do que queríamos e não precisávamos das competências de uma grande agência para nos inspirarmos. Depois de alguma investigação, encontrámos uma agência que era perfeita para nós, chamada Formation. Eram eles que tinham desenhado o grafismo e as embalagens para a cadeia Pret A Manger. Nós adorávamos o que eles tinham feito para as embalagens de sandes e comida. Tinham conseguido captar e projectar o espírito da marca, e queríamos que eles fizessem para nós o mesmo com o café.

Como agência, também nos eram próximos em espírito. Eram uma pequena empresa empreendedora fundada por Adrian Kilby que, apesar de se ter rodeado de uma equipa óptima, continuava a estar envolvido em todos os aspectos do seu negócio. Graças aos anos que passou com os fundadores da Pret, Adrian estava muito habituado aos caprichos e exigências de empreendedores apaixonados.

Uma vez que estávamos a gastar todo o nosso orçamento de *marketing* no grafismo, decidimos não contratar arquitectos e desenhar nós próprios o interior das lojas com a ajuda da Formation.

No Verão de 1996, passámos dia após dia com Adrian e a sua equipa nos seus *ateliers* em Clerkenwell a criar o grafismo que queríamos para as embalagens. Houve muita introspecção, muita observação das fotografias de Nova Iorque e da concorrência, até que finalmente surgiu aquilo que consideramos ser a nossa primeira identidade a sério.

Tivemos muitas discussões de irmãos sobre o grafismo. A melhor coisa em sermos irmãos é que não há delicadezas: diz-se o que se pensa e defende-se o ponto de vista sem enfurecer o outro.

A Coffee Republic beneficiou muito com a nossa honestidade mútua e, felizmente, Adrian e a sua equipa aturaram as nossas pequenas disputas com muita paciência e consideração. Adrian uma vez sugeriu que nos ia comprar martelos de espuma para que pudéssemos bater um no outro sempre que discordássemos (o que era frequente)!

crescimento

Chamamos ao exercício em gestão de marca que tivemos com Adrian e a sua equipa a nossa fase da "Estátua da Liberdade". O que nós queríamos fazer era reforçar as origens nova-iorquinas do nosso conceito, quer para nos diferenciarmos da Seattle Coffee Company, quer para sugerir uma afinidade lisonjeira entre a Londres cosmopolita e a "Big Apple". (Posteriormente, quando estabelecemos a marca, abandonámos o tema de Nova Iorque.)

Olhando em retrospectiva para o grafismo que desenvolvemos, conseguimos ver que eram o reflexo genuíno da alma da Coffee Republic.

Crescimento...

Com o novo logotipo desenhado, um gerente de operações experiente a postos, um novo conjunto de fornecedores e capital no banco, sentíamo-nos realmente preparados para procurar a segunda loja.

A grande vantagem da passagem do tempo e do crescimento é que todas as regras que mencionámos antes sobre falta de credibilidade, fornecedores e recursos começam a reverter a seu favor. A nossa credibilidade estava mais do que estabelecida e o processo para encontrar locais era agora sem dúvida mais fácil, uma vez que os agentes imobiliários sabiam que as nossas intenções eram sérias e os senhorios podiam ver fotos do nosso conceito. Consequentemente, passámos muito menos tempo à procura de um segundo local do que acontecera com o primeiro.

O local que escolhemos foi na Great Marlborough Street (mesmo ao lado da Carnaby Street) e a segunda loja da Coffee Republic abriu em Dezembro de 1996. Geograficamente era perto da South Molton Street e tinha o mesmo perfil de clientes. Também era vantajoso para trocar colaboradores e materiais sempre que necessário entre as duas lojas, uma vez que estavam apenas a cinco minutos de distância a pé. Como supervisionávamos de perto as duas lojas, este era um extra para nós – tinha sido muito mais difícil se a segunda loja fosse na outra ponta de Londres.

A chegada da segunda loja mudou pouco o negócio em termos reais, mas para nós a grande emoção era que nos tínhamos envolvido numa cadeia, apesar de ser pequena na altura. Continuámos a estar muito envolvidos na gestão do negócio e tínhamos simplesmente o dobro do trabalho!

Ainda que a nossa evolução estivesse bem encaminhada (tecnicamente tínhamos duplicado o tamanho), ainda nos referimos a esses dias como os anos bebé, porque o negócio e nós próprios ainda éramos um e nós cuidávamos de cada passo que dava. Apesar de os recursos terem começado a reverter a nosso favor, foi apenas um pequeno passo; ainda tínhamos de ser auto-suficientes e tornar dois mais dois igual a cinco.

Para lhe dar um exemplo, naqueles dias os grãos de café cobertos de chocolate estavam na moda e nós decidimos que, sendo especializados em café, tínhamos de os ter em todas as nossas lojas. Porém, uma vez que as quantidades que encomendávamos eram demasiado pequenas para que a fábrica as embalasse, decidimos comprá-los avulso e embalá-los nós próprios. Chegou ao nosso apartamento um contentor cheio de caixas de grãos de café avulso em três sabores. Encontrámos fornecedores de sacos transparentes, laços e autocolantes com o logotipo e, usando as nossas balanças de cozinha, embalámos os grãos de café em casa.

De facto, na noite anterior à abertura da nossa segunda loja, estivemos até de madrugada a acabar o trabalho, o que teve um efeito bastante relaxante. Isto é só para provar que os empreendedores também trabalham na linha de montagem: felizmente que tínhamos dois amigos de Nova Iorque a ficar lá em casa, que nos ajudaram a acabar o trabalho. Tínhamos especificado 125 gramas por pacote e no fim da noite estávamos tão cansados que mal conseguíamos pesar bem as gramas. Cada vez que pesava mais, nós comíamos o peso excedente. Uma abordagem muito pouco profissional, mas conseguimos acabar o trabalho!

crescimento

Os nossos grãos café quase esgotaram no primeiro dia, por isso na noite seguinte tivemos de fazer outra noitada e, na altura do Natal, o nosso apartamento parecia mais um armazém e centro de distribuição de doces do que uma casa.

Em Fevereiro de 1997, abrimos a nossa terceira loja em Queensway. Situava--se numa esquina e tinha sido antes uma geladaria. Tinha uma forma bastante estranha com apenas uma pequena entrada, mas estávamos tão desesperados por uma terceira loja para acompanharmos a Seattle Coffee Company que acabámos por ficar com o local.

A característica que redimia a Queensway era que a loja tinha uma cave que se tornou nos primeiros escritórios a sério da Coffee Republic. Mudámos para lá o gerente de operações e, tendo finalmente um escritório, tornou-se possível contratar o Marco a tempo inteiro, que tinha estado a trabalhar na nossa contabilidade à noite. Lembramo-nos do entusiasmo que foi termos de facto um escritório, mas infelizmente não havia espaço para nós, por isso continuámos a trabalhar a partir de casa.

Também convertemos parte da cave em algo com que sempre tínhamos sonhado: a Academia Coffee Republic. Estávamos na altura a contratar muito colaboradores e precisávamos mesmo de uma academia de formação dedicada a ensinar--lhes a forma como a Coffee Republic fazia as bebidas de café. Tínhamos ouvido falar da Universidade McDonalds e sempre tínhamos sonhado ter uma nossa.

Para atingir esse objectivo, tivemos uma vez mais de ser auto-suficientes. Não sabíamos nada sobre como erguer formalmente uma Academia ou criar um manual de formação, nem alguém que trabalhasse connosco sabia. Não podíamos pagar a um profissional que o fizesse por nós, por isso tivemos de ser nós próprios a tratar de tudo. Mas, como já deve ter percebido, se se mentalizar, consegue fazer quase tudo.

Na realidade, abrir a Academia provou ser mais fácil do que esperávamos. Os fornecedores emprestaram-nos todo o equipamento e colocámos na porta o grafismo que Adrian tinha feito para a Academia. Bingo – tinha nascido a Academia da Coffee Republic!

Nunca pensámos que conseguiríamos escrever um manual de formação e, quando mais tarde contratámos quem estava familiarizado com manuais de formação, percebemos que os nossos esforços tinham sido surpreendentemente bons. Poucos dos nossos colaboradores tinham visto antes um manual de formação – sobretudo um relacionado com café – mas, uma vez que nos concentrámos nisso, porque não tínhamos outra escolha, o que surgiu foi mais do que meramente suficiente.

Sahar ficou responsável por este processo e passou para o papel tudo o que achava importante sobre fazer a bebida de café certa. Com a ajuda de Eva, produzimos um manual tão bom que ainda hoje continua a ser usado na Coffee Republic.

Por isso, a terceira loja fez de facto uma grande diferença para nós. Ter o Marco a tempo inteiro foi um benefício enorme, porque agora estava mais alguém para além de nós a tomar conta do negócio da Coffee Republic. Era uma sensação óptima! Ainda íamos visitar as três lojas de café todas as manhãs e continuávamos bastante envolvidos. Mas ainda era um bebé.

A auto-suficiência continuou. Sahar continuava a assinar os cheques semanais dos colaboradores todas as quartas-feiras e era sua tarefa ir de carro entregá-los às lojas. Muitas vezes Marco tinha de andar atrás de Sahar porque esta se tinha esquecido de entregar cheques de pagamento, mas na prática o sistema funcionou, embora com muita insistência e pressão de todos os que estavam na linha da frente.

Com a mesma estrutura ainda montada, abrimos uma pequena loja na London Wall em Março, outra em Junho na Strand e em Agosto mais outra na Fleet Street. Todas elas correram bem. Todas tiveram um início lento,

mas estávamos a obter reconhecimento da marca e a boa vontade a ajudar-
-nos, por isso as nossas vendas entraram numa curva ascendente desde o
primeiro dia. Fizemos algum *marketing* básico, ao deixarmos folhetos nos
escritórios ali perto e ao oferecermos amostras grátis à porta das lojas, e
tivemos sorte, porque esse caminho foi muito mais calmo do que tinha sido
na loja da South Molton Street. Agora todos conheciam os cafés e, por isso,
estavam quase só à espera que abrissem. Os nossos cartões de fidelização
também ajudaram.

Na Fleet Street, fomos a primeira lojas de café com um novo estilo e os bancá-
rios e os advogados acorriam às nossas lojas em grande número. Para nós, era
uma verdadeira alegria. Os bancos de investimento da vizinhança pediam 14
bebidas de café de cada vez e havia sempre filas à nossa porta.

 Mesmo assim, todas as noites o colaborador do turno de fecho da loja tele-
fonava para o nosso atendedor de chamadas de casa a fazer o relatório das
vendas do dia: "É o Thomas da London Wall: 600 libras", "É a Tanya da Strand:
500 libras", eram frases familiares e nós ainda esperávamos pelas chamadas
com grande expectativa, fazendo apostas entre nós sobre quanto é que cada
loja faria em cada dia.

No Verão de 1997, tínhamos seis lojas. A actividade no nosso apartamento
tinha-se intensificado a um tal nível que sabíamos que tínhamos de mudar
para escritórios profissionais, uma vez que a casa já não era casa; tínhamos
chegado a um ponto de ruptura. A sorte foi que a nossa casa ficava num con-
domínio de apartamentos e o nosso era no rés-do-chão que, por coincidência,
tinha a secretária do porteiro do lado de fora. Por isso, a entrega e recolha do
correio eram tratadas facilmente. Contudo, os porteiros pacientes tinham acabado por desempenhar o papel de recepcionistas da Coffee Republic e, provavelmente, foram eles os primeiros a ficar contentes quando avançámos para a
fase seguinte.

As nossas viagens à Prontoprint em Earls Court tinham-se tornado tão frequentes que os colaboradores sentiam que a Coffee Republic era tanto o seu pequeno começo como o nosso! Precisávamos de uma fotocopiadora, pois utilizar o fax para fazer fotocópias em casa já não era um método aceitável. Também precisávamos de contratar colaboradores de escritório para nos ajudarem e não podíamos, de facto, tê-los a trabalhar em nossa casa. Tínhamos simplesmente chegado a um ponto em que precisávamos de subir a fasquia e de evoluir para um negócio profissional. Não se consegue fazê-lo na sala de estar com a televisão a um canto e cadeirões à volta. Mas quando o tenta fazer, não só não tem um escritório profissional, como também perde a sala de estar como um sítio para descontrair.

Seis lojas, um negócio em crescimento, colaboradores a tempo inteiro... os nossos recursos iniciais, suficientes ao princípio, estavam a ser esticados ao máximo e a rebentar pelas costuras.

Preparação para o crescimento: o mercado

Mesmo com seis lojas, a pressão do mercado era tal que ainda se impunha crescer mais. O *boom* do café estava a explodir ainda mais dia após dia e a Seattle Coffee Company, em quem nós tínhamos os olhos postos, já tinha aberto 30 lojas e também havia alguns rumores sérios nesta altura de que as grandes cadeias norte-americanas estavam a vir para Londres. A Whitbread tinha acabado de comprar a Costa Coffee. O interesse da imprensa estava ainda a aumentar, com o *Financial Times* a relatar que o "Reino Unido está em vias de se tornar um fenómeno das lojas de café *gourmet* igual ao que existe nos EUA".

Precisávamos de acelerar os nossos planos de expansão. Estava a correr bem, mas tínhamos de capitalizar o que conseguíramos até agora. Era muito claro para nós que estávamos num mercado onde havia um grande fosso entre grandes e pequenos. Tínhamos de crescer de forma agressiva e florescer, ou estávamos condenados a desintegrar-nos se perdêssemos o barco.

crescimento

Nós não éramos um "destino". Tínhamos de estar em todas as esquinas; tal como tínhamos dito no nosso primeiro plano de negócios: "Os clientes não irão andar mais do que dois quarteirões para chegar ao café mais próximo."

Perante as condições que descrevemos, seis lojas seriam o suicídio se não nos mexêssemos rapidamente; por isso, embarcámos na próxima fase de crescimento.

OS ANOS DA INFÂNCIA

Bobby iniciou o terceiro plano de negócios na Primavera de 1997; nesta altura, o objectivo era abrir outras 35 lojas ao longo dos dois anos seguintes.

> *"A Coffee Republic é um conceito com tremendas perspectivas de crescimento. A gestão acredita que o sucesso da Starbucks e de outras cadeias de cafés nos Estados Unidos, e a qualidade inconsistente e inferior do mercado do café no Reino Unido, apresenta uma oportunidade madura para um conceito de café de especialidade ao estilo norte-americano, feito à medida para o mercado do Reino Unido."*

Para ir ao encontro destes objectivos ambiciosos, íamos precisar de cerca de 4,5 milhões de libras. Não é fácil angariar este montante. Apesar de Bobby ter tido contacto com bancos de investimento em Nova Iorque, na realidade não tinha quaisquer contactos na *City* de Londres ou qualquer acesso a este tipo de financiamento.

À medida que ponderava o que fazer, teve outro momento de "instinto empreendedor". Lembrou-se que uma amiga íntima de Sahar desde os tempos da universidade, Clare, era filha de Jim Slater, o guru das OPA dos anos 70. Ele tinha uma admiração tremenda por Slater, tendo lido todos os relatos dos seus negócios com *Sir* James Goldsmith na década de 1970.

Bobby pediu a Sahar que marcasse um encontro com Jim Slater. Não fazia ideia do que queria dele, tinha apenas um palpite de que o contacto iria ser

qualquer um consegue

produtivo. Sahar estava relutante em marcar essa reunião, uma vez que sabia que Jim era muito preciso e desafiador, e estava preocupada que, sem terem nada de específico para lhe perguntar, não fossem levados a sério. Mas Bobby insistiu e Sahar acabou por ceder.

Na semana seguinte, estávamos sentados na casa de Londres de Jim Slater, em Kensington, a contar-lhe tudo sobre os nossos planos para a nossa cadeia de seis lojas de café. Jim foi muito simpático, como os pais o são para os amigos dos filhos. Quando viemos embora, sentimo-nos de facto um pouço mal, uma vez que não tínhamos nada de realmente concreto a perguntar-lhe. Por isso, esquecemos este encontro.

No dia seguinte, Bobby recebeu uma chamada no telemóvel. "Bobby, é Jim Slater. Tenho uma proposta para si." Jim tinha uma empresa sem existência económica* cotada na AIM**. A ideia dele era que a Coffee Republic se integrasse nessa empresa, permitindo assim à Coffee Republic angariar financiamento no mercado para a abertura de 14 lojas. Era o veículo financeiro perfeito para permitir a expansão da Coffee Republic.

Depois de muitas reuniões e negociações interessantes com Jim Slater, a integração aconteceu finalmente a 19 de Setembro de 1997. Acabámos por manter 27 por cento do novo grupo alargado.

Não era um grande acordo financeiro para nós, mas precisávamos de crescer. Para isso, precisávamos de dinheiro e considerámos que o nosso ganho financeiro era secundário em relação aos benefícios que a Coffee Republic podia ganhar com a entrada em bolsa. Agora, olhando para trás, o sucesso da Coffee Republic era tudo o que nos interessava. Tínhamos uma visão de longo prazo e acreditávamos que, se tornássemos o negócio num sucesso, acabaríamos por beneficiar.

---

* **N. T.** No original, *shell company*.
** **N. T.** AIM é o Mercado internacional para pequenos negócios em crescimento da Bolsa de Londres.

Preparação para o crescimento: o negócio

Foi o nosso novo perfil como Sociedade Anónima de Responsabilidade Limitada (SARL) que deu o empurrão para que o nosso "bebé" entrasse na infância de uma só vez. No final de Setembro de 1997, a Coffee Republic estava cotada na AIM. O facto de estarmos cotados em bolsa mudou imediatamente o nosso perfil e acrescentou restrições novas e muito mais apertadas do que alguma vez tínhamos enfrentado antes.

Tínhamos um Conselho de Administração a sério, ao qual tínhamos de nos reportar de dois em dois meses numa muito formal reunião de administração. Tínhamos accionistas institucionais e consultores financeiros. De repente, tínhamos toda uma panóplia de novas partes envolvidas na Coffee Republic, cada uma delas com as suas próprias opiniões e agendas.

O melhor foi que estávamos sentados numa mesa da administração, mas desta vez não como colaboradores de uma empresa de advocacia ou de um banco de investimento e sim como clientes. A nossa viagem tinha completado o círculo – desde a mesa na sala da administração para a nossa mesa da cozinha e de volta à mesa na sala da administração.

Contratámos um director financeiro como é obrigatório nas SARL e isso deu-nos mais uma razão para nos mudarmos para um escritório. Dificilmente podíamos esperar que alguém a este nível trabalhasse a partir de nossa casa. Referimos isto porque, apesar de parecer óbvio, mostra a forma como cada passo no caminho tem as suas repercussões, que têm de ser encaradas à medida que acontecem.

Era um desafio encontrar espaços de escritório acessíveis no centro de Londres. Achámos que era importante que os nossos escritórios centrais ficassem perto das nossas lojas e estas eram todas em West End, onde os preços são astronómicos. Encontrámos um espaço de escritório óptimo em Parson's Green e noutros sítios, mas não queríamos mesmo trabalhar tão longe do centro. Finalmente tivemos um golpe de sorte fantástico, pois os nossos agentes imobiliários tinham um andar de espaços para escritório em Albermarle Street e estavam "encalhados" com ele, ficando mais do que felizes em subarrendar-nos a um bom preço, uma vez que era o remanescente de um arrendamento de longo prazo. Nunca esqueceremos os olhares reprovadores que recebemos, quando fizemos as nossas apresentações para entrarmos em bolsa, por escolhermos escritórios em Mayfair. Ninguém acreditava que pagávamos rendas tão baixas.

Conseguir o espaço para o escritório coincidiu com a nossa necessidade de aumentar a equipa de gestão, para preparar a nossa próxima etapa de expansão do negócio. Com o Director Financeiro, Marco e a sua então pequena, mas crescente, equipa de contabilidade mudaram-se também. Contratámos um gestor de Recursos Humanos para lidar com todo o recrutamento e formação. Antes disso, os gerentes de loja ou o Gestor de Operações faziam a contratação e a formação, mas, com a nossa taxa de crescimento planeada, precisávamos de alguém que se dedicasse exclusivamente a essa função. Com novos elementos de equipa a bordo, tivemos também que definir os nossos próprios papéis; Bobby tornou-se CEO e Sahar Directora de *Marketing* da Coffee Republic. Até contratámos uma recepcionista!

Mas, apesar deste novo estatuto e estrutura de SARL, a empresa ainda tinha um carácter empreendedor. Os novos elementos da equipa tinham todos espírito empreendedor. Não eram do tipo de grandes empresas, na medida em que se encaixavam na estrutura flexível que tínhamos. Era como se tivéssemos uma equipa de empreendedores e não apenas nós os dois. Marco geria o escritório e, ao mesmo tempo, era o contabilista. Beth, a nossa recepcionista, ajudava no *marketing* e desempenhava um papel de apoio aos nossos gestores de loja. Isto tornava a atmosfera do escritório muito especial e talvez sejam deste período as nossas memórias mais queridas de trabalhar no negócio que fundámos.

O extraordinário sobre os anos em Albermarle Street era que todos partilhavam a nossa paixão pela Coffee Republic. Estávamos todos dispostos a servir as crescentes necessidades desta empresa em rápido crescimento. Ninguém

crescimento

estava realmente preocupado com a sua posição ou título. A única coisa que importava era a própria Coffee Republic. Todos conseguiam estar divertidos grande parte tempo, bem como a trabalhar arduamente.

Este período foi também muito compensador para todos nós. Em termos do ciclo biológico, a Coffee Republic estava realmente a dar os seus primeiros passos de forma independente, a aprender a falar e outras coisas mais. Toda a equipa estava concentrada em fazer crescer este ser e a partilhar a alegria de o ver a amadurecer.

Crescimento...

No ano em que entrámos em bolsa, abrimos 13 lojas. Estávamos a ter acesso aos melhores lugares e, por isso, conseguimos abrir lojas em King's Road, Fulham Road, Notting Hill, Covent Garden, Cornhill e, de uma forma geral, em todos os sítios nos quais sempre tínhamos sonhado abrir a Coffee Republic. O nosso negócio estava mesmo a tornar-se parte da vida de Londres!

Também vimos realizados muitos dos sonhos que tínhamos para a marca. Tendo observado o conceito "beba e leia"* nos EUA, sempre quisemos abrir *outlets* em livrarias e conseguimos finalmente um acordo para abrir lojas da Coffee Republic na Waterstones – a primeira foi na loja de Trafalgar Square.

O "osso duro de roer" foi o aeroporto de Heathrow. A maior parte daqueles que criam uma cadeia sonha com Heathrow. Tem-se um público certo e é um verdadeiro "diamante". Tentámos consegui-lo desde o início e, apesar de muitas reuniões e de muita insistência, não tivemos sucesso. Mas, assim que ultrapassámos as dez lojas, as autoridades começaram a dar-nos alguma atenção.

Acabaram por nos oferecer a área das chegadas nacionais. Não era o ideal, uma vez que teríamos preferido as partidas internacionais, mas ficámos tão gratos que aceitámos.

---

* **N. T.** No original, *sip'n'browse*.

qualquer um consegue

Nos anos de 1997 e 1998, conseguimos de facto estabelecer a nossa marca como uma marca de estilo de vida. Ainda assim, não tínhamos muito dinheiro para investir nela e, por isso, fizemos o que se designa por "*marketing* de guerrilha". O "*marketing* de guerrilha" refere-se à fusão do seu espírito empreendedor com a mensagem de *marketing* que passa aos consumidores. Trata-se, uma vez mais, de auto-suficiência: utiliza todos os recursos que possui, juntamente com todos os seus instintos, fé e energia, para que dois mais dois seja igual a cinco.

Por exemplo, não podíamos pagar anúncios, por isso a única forma de termos a atenção da imprensa era através das Relações Públicas. As Relações Públicas são uma forma muito mais económica de promover a sua marca. Enquanto que se tem de pagar 15 mil libras por um anúncio numa página de uma revista, os artigos são gratuitos. Para além disso, um artigo editorial tem três vezes mais credibilidade do que um anúncio. Quando escolhemos uma empresa de Relações Públicas para divulgar o nosso nome e o que éramos, não queríamos empresas de Relações Públicas ao consumidor que normalmente representassem marcas alimentares "aborrecidas". Não nos descrevemos como uma marca utilitária, mas sim como uma marca de estilo de vida e, por isso, demos o passo pouco comum de contratar a Aurelia PR, que era especializada em marcas de moda *sexy* como a Versace, a Tag Heuer e o champanhe Krug. Por isso, conseguimos aproveitar-nos da atenção que a imprensa dá normalmente a marcas luxuosas e, além disso, usámo-nos a nós próprios como mensagens de *marketing* da Coffee Republic.

As pessoas são mais interessantes do que os produtos (o quanto é que se pode escrever sobre café), por isso aproveitámos isso para promover o nosso negócio. Conseguimos obter uma boa cobertura da imprensa. Ter um produto com boa consistência ajudou; ganhámos todas as provas de degustação, batendo de longe os nossos concorrentes. Fizemos um cartaz com os resultados e afixámo-lo nas nossas lojas.

Para colmatar a nossa falta de experiência em *marketing*, entre outros temas, seguimos os nossos instintos e a única pergunta que continuávamos a fazer era "Gostaria disto como cliente?" ou "Como cliente, o que é que adoraria ler no café?". As respostas a estas perguntas tornaram-se a base das nossas campanhas de *marketing*.

Em vez de olharmos para o *marketing* no seu todo, tornámo-lo manejável ao olharmos para a experiência de cada cliente individual. O *marketing* para nós tinha a ver com explorar a oportunidade dada pelos 5-20 minutos que cada cliente permanecia no nosso café. Precisávamos de garantir que tinham uma experiência de elevada qualidade que iria melhorar o seu dia. Através do *marketing*, propusemo-nos promover a ideia de que éramos um negócio que cumpria as suas promessas de forma consistente. Se conseguíssemos realizar isso com um cliente de cada vez, então o *marketing* eficaz conseguiria cumprir o objectivo.

Desde o início que falávamos com uma só voz ao cliente. E essa voz, por ser genuína e por entregarmos consistentemente aquilo que prometíamos entregar, estabeleceu um diálogo verdadeiro e duradouro. De facto, ao sermos genuínos e acreditarmos realmente na nossa mensagem e na identificação com os nossos clientes, compensámos a nossa falta de conhecimentos de *marketing*.

Não há qualquer ciência por detrás da construção da marca da Coffee Republic. Foi uma marca construída do coração. Adquiriu uma alma e, com ela, uma voz única. Os clientes acreditaram na nossa voz, porque vivemos para cumprir a nossa palavra. A honestidade é mais valiosa do que qualquer truque de *marketing* que o dinheiro possa pagar. É o alicerce para um diálogo genuíno com o cliente.

Continuámos a experimentar todos os dias novas bebidas e ideias para comida em Albermarle Street, por isso o negócio estava em constante inovação. Chamámos à pequena cozinha do escritório (que, para sermos honestos, era mais um armário do que outra coisa qualquer) o "departamento de I&D*". Todos podiam envolver-se e dar a sua opinião sobre novos produtos. O melhor deste tipo de atmosfera era que as novas ideias eram implementadas rapidamente; não havia burocracia ou "porquê?". Em vez disso, era tudo "por que não?".

---

* **N. T.** Investigação e Desenvolvimento.

Beth, a nossa recepcionista, começou a trabalhar de perto com Sahar no *marketing* e depressa se tornou assistente de *marketing* a tempo inteiro, o que nos levou a contratar outra recepcionista. Para o Verão, queríamos ter à venda as bebidas geladas que tínhamos visto nos EUA (são agora as nossas chamadas "FREEZERS"), mas uma vez que não conseguíamos encontrar um fornecedor (para algumas coisas continuavam a não existir), inventámo-las a partir de uma receita que Sahar encontrou na Internet e aperfeiçoámo-las até terem o sabor certo. O resultado não foi óptimo e era um pesadelo prepará-las, mas tentámos mesmo assim e os clientes adoraram-nas, porque era a melhor coisa que se podia arranjar na altura.

Ao vermos muitos miúdos de manhã com os pais nas nossas lojas de cafés de áreas residenciais, inventámos o BabyCap, que era um *cappuccino* falso (chocolate quente com espuma) num copo pequeno. Até por isto tivemos cobertura da imprensa!

Uma vez que, nesta altura, os clientes frequentavam as nossas lojas numa base diária, queríamos oferecer-lhes entusiasmo e mudanças sazonais e, por isso, tínhamos bebidas especiais concebidas para cada época especial do ano: *Love Latte* para o Dia de São Valentim, *Green Halloween Latte*, *Yuletide Latte*, *Cookiecinno Freezer* e outras. Até tivemos um *World Cup Latte* durante o Campeonato do Mundo de 1998. O nosso lema não oficial era: "Durante as férias e feriados, a piroseira manda!". Uma vez que não podíamos usar tácticas de *marketing* sofisticadas, pensámos que a pura piroseira iria chamar a atenção tanto dos clientes como da imprensa.

A nossa voz tinha sentido de humor e não nos importávamos de fazer figura de palermas. Achamos que os nossos clientes o consideravam cativante. O melhor era que, como pensávamos em tudo como sendo nós próprios os clientes, o pensamento tornou-se mais fácil e os resultados melhores. Durante algum tempo, até tivemos um esquema de "loja mascote". Cada colaborador escolhia uma loja mascote que iria supervisionar durante uma semana.

Nesta altura, os fornecedores faziam fila para fornecer novos tipos de "produtos *gourmet*" para as lojas de café do mercado, por isso éramos inundados com amostras de bolos, chocolate, donuts e outros. Ninguém na Coffee Republic alguma vez teve de sair de lá para ir comprar almoço ou algum género de comida: havia sempre um cesto cheio na recepção.

Dentro das limitações do nosso *marketing* interno, tínhamos agora centenas de colaboradores e passar-lhes o nosso espírito empreendedor era um desafio. Inspirados pelo livro do empreendedor da área do retalho Julian Richer, implementámos o programa "diz ao Bobby", que incentivava os colaboradores que trabalhavam em lojas por todo o país a enviar sugestões a Bobby. A melhor de cada semana recebia um pequeno cheque.

Sahar, num "momento de instinto empreendedor", pensou que devíamos ter uma *newsletter* da empresa para manter todos os que trabalhavam na Coffee Republic nos postos mais longínquos a par do que se estava a passar. Ela não fazia ideia de como criar uma, mas lembrou-se de uma óptima que havia na sua empresa de advocacia e, por isso, escreveu pessoalmente a primeira cópia da *CR News*. Para a tornar mais interessante, tínhamos uma coluna que mostrava as celebridades que visitavam as nossas lojas. Estas são as coisas que, com um pouco de imaginação e alguma energia, qualquer um consegue de imediato.

OS ANOS DA ADOLESCÊNCIA
Preparação para o crescimento: o mercado

Se pensa que parece que estávamos a crescer depressa, o mercado estava a crescer ainda mais depressa. No final do Verão de 1998, aquilo que temíamos desde o início tinha finalmente acontecido. A Starbucks, a gigante norte-americana, comprou a nossa concorrente, a Seattle Coffee Company. A Starbucks já tinha mil estabelecimentos nos EUA, era uma empresa que valia mil milhões de dólares e tinha uma enorme força de *marketing*. Eles gastaram milhões em publicidade, enquanto nós não gastávamos quase nada. Tinham um departamento de I&D; nós tínhamos o nosso armário. Eles tinham um orçamento de *marketing*

qualquer um consegue

de milhões, enquanto o nosso era de apenas quatro dígitos. Eles tinham os peritos mundiais de *marketing*; nós tínhamos apenas os nossos instintos.

A Starbucks abriu a sua primeira loja no Reino Unido na King's Road com uma enorme festa. Sabíamos pelo que acontecia nos EUA que a sua chegada a novos territórios ameaçava severamente as marcas já estabelecidas e poucas sobreviveram depois de o poder de *marketing* da Starbucks ter criado raízes. Estávamos determinados a não deixar isso acontecer com a Coffee Republic. Tínhamos a vantagem de ter sido o primeiro jogador no mercado e de termos ganho fidelidade à marca. Os clientes gostavam de nós e, por isso, a maior parte permaneceu fiel. Tudo o que precisávamos de fazer era manter elevados os nossos padrões e a nossa consistência e de abrir mais lojas.

No nosso mundo, as coisas mudam com muita rapidez. Mudámo-nos para o nosso escritório central em Novembro de 1997 e no final de 1998 tínhamos duplicado de dimensão. Tínhamos vindo a recrutar vários colaboradores especializados para todas as tarefas que realizávamos nós próprios quando éramos mais pequenos. Por exemplo, Bobby costumava ir procurar locais e, connosco a abrir uma loja a cada duas semanas nesse ano, a contagem do movimento de pessoas a pé consumia muito tempo a um CEO. Por isso, contratámos um gestor de propriedade para trabalhar com os agentes imobiliários, ajudar a encontrar bons locais e a resolver este problema. Para o *design* e equipamento das lojas, contratámos um gestor de projectos. Mudámos a nossa Academia para um espaço maior na cave da nossa loja em Garrick Street e contratámos um gestor de formação dedicado. O departamento de contabilidade cresceu especialmente depressa. Sendo um negócio onde se pagava em dinheiro, isso era inevitável. Acabámos por enviar Marco e a sua equipa de volta para Queensway, uma vez que já não havia espaço para eles no escritório central.

Não nos lembramos exactamente quando, mas a determinada altura do Outono de 1998 percebemos que tínhamos de avançar para a fase seguinte. Com as cada vez maiores pressões para crescer, a Coffee Republic teve também de amadurecer além de crescer.

Amadurecimento...

À medida que qualquer empresa cresce, o elo essencial que possuía de início torna-se cada vez mais difícil de manter. Por mais fantástica que seja a equipa, o sucesso traz volumes e números que são simplesmente elevados para serem abordados sem uma estrutura adequada. É verdade que sem paixão e visão um negócio não tem alma, mas a paixão e a visão por si só não são suficientes para manter uma empresa através de um *boom* como este. Também são necessários processos, sistemas, disciplina e profissionalismo e este foi inevitavelmente o caso da Coffee Republic.

No final de 1998, contávamos com 20 lojas. Não podíamos continuar a visitá-las todas, por isso o controlo da qualidade feito pessoalmente já não funcionava e não havia qualquer possibilidade de conhecermos todos os nossos colaboradores. Havia o perigo de que, se não fizéssemos nada, a falta de estrutura afectasse a consistência daquilo que oferecíamos aos nossos clientes.

Os manuais de teoria dos negócios dizem que, à medida que o negócio se torna maior, é preciso investir na "cultura organizacional" como um substituto para a influência da personalidade dos fundadores. As pequenas organizações não têm "culturas". Pelo contrário, têm personalidades e normalmente a personalidade que assumem é a do fundador. À medida que o negócio cresce, a personalidade do fundador perde influência. Claro que esta é uma questão de pura matemática: é difícil que a luz emanada pela personalidade do fundador chegue às órbitas longínquas de uma organização mais vasta.

A necessidade de criar uma cultura tornou-se um assunto sério para nós. Além das nossas qualidades criativas, flexíveis, informais e baseadas na personalidade em que se fundara a Coffee Republic, também reconhecíamos a necessidade de um processo mais "seco", baseado na implementação de sistemas e controlos necessários para garantir que o negócio continuava a funcionar eficazmente. Se não o conseguíssemos fazer, não seríamos capazes de aguentar as pressões do crescimento. Já não era positivo que todos se ocupassem de tudo. A nossa informalidade – precisamente o que nos tinha dado vida – acabou por pôr em perigo a qualidade e consistência do nosso produto. Precisávamos de implementar sistemas que não dependessem apenas da boa vontade.

Com o mercado a aquecer e com a chegada da Starbucks, tivemos de garantir que todas as nossas lojas estavam a fornecer perfeitamente e de forma consistente a experiência da Coffee Republic todos os minutos do dia. A única maneira de o conseguir era através dos colaboradores: atraindo, formando e motivando os melhores. A Coffee Republic precisava de ser um lugar onde todos quisessem trabalhar. Precisávamos de uma cultura que tivesse vida e força por si própria, separada dos seus fundadores e construída desde as bases.

Nessa altura lemos numa revista de *catering* que uma figura bem conhecida e respeitada procurava seguir em frente. As suas técnicas de formar equipas eram lendárias no meio empresarial. Era realmente bom a lidar com pessoas e era exactamente o que precisávamos. Ele podia criar-nos a cultura e perseguimo-lo energicamente.

Juntou-se a nós como Director-Geral em Janeiro de 1999. A sua chegada anunciou o crescimento da Coffee Republic para além da infância.

Preparação para o crescimento: o negócio

O nosso novo Director-Geral juntou-se a nós com a perspectiva de trazer uma cultura de gestão profissional que nos apoiasse ao longo do nosso crescimento muito rápido. Tínhamos planeado abrir 30 lojas por ano. A ideia era que ele trouxesse a criança para a vida adulta. Mas, tal como acontece na nossa analogia anterior do ciclo biológico, não se vai da infância para a vida adulta a menos que se passe pelos anos turbulentos da adolescência.

Uma vez que era tão bom a lidar com pessoas, trouxe consigo uma equipa onde todos já tinham trabalhado com ele e acreditavam nos seus métodos. Rapidamente, todos queriam trabalhar para a Coffee Republic. Vinham de longe, e todos aqueles com quem ele tinha trabalhado antes na TGI e na

Pret a Manger, que conheciam o nosso desenvolvimento, também se queriam juntar a nós. Tivemos quase imediatamente uma cultura de gestão.

Bobby manteve-se como CEO e lidava com toda a parte financeira, incluindo angariar mais financiamento para expansão. Sahar permaneceu Directora de *Marketing*, com uma assistente de *marketing* e um novo gestor de vendas a trabalhar no seu departamento.

Contudo, a vida num negócio em megacrescimento nunca é linear e, quando tudo parecia estar a encaixar-se, voltou tudo a mudar de repente!

Era muito entusiasmante ter colaboradores altamente qualificados e com uma experiência que não tínhamos sido capazes de atrair antes, mas, de um dia para o outro, parecia haver demasiados. Os novos elementos praticamente apareciam e os controlos, sistemas e manuais de formação eram imediatamente aplicados e as linhas de comunicação formais estabelecidas, mas parecia que se estavam a erguer barreiras à volta de cada secretária. Havia delimitações claras dos papéis e das responsabilidades, com quase nenhuma flexibilidade entre elas. Não era, por outras palavras, a "velha" Coffee Republic.

Estávamos prestes a tornar-nos grandes (se é que não éramos já grandes) e, por isso, a Coffee Republic tornou-se um adolescente a adaptar-se à vida adulta e a tentar abandonar as suas qualidades infantis de um dia para o outro. A mudança provou ser de mais para muitos da nossa equipa original, que estavam a ficar desencantados à medida que o seu trabalho já não lhes transmitia o mesmo sentimento de que tinham gostado tanto no início. A Coffee Republic já não era a mesma empresa. Agora era uma "grande empresa".

Toda a equipa original acabou por atingir o limite e perdemo-los em poucos meses. Achámos isto muito triste, especialmente a partida de Marco na Primavera de 2000, que foi muito difícil de aguentar a nível pessoal. Os sinais de que a estava acabar uma fase da vida da Coffee Republic eram claros e foram derramadas muitas lágrimas na festa de despedida de Marco.

Dores de Crescimento – Choque de Cultura

Normalmente, o mais afectado por esta mudança é o empreendedor. Para Sahar, que sempre incorporou o papel de empreendedora dentro da organização, a evolução dos estilos foi sentida de forma muito forte e foi-lhe difícil aguentar. De repente, ela era uma gestora e já não uma sonhadora e implementadora. Tornou-se a directora de um Departamento de *Marketing* com restrições empresarias e canais formais de comunicação. Havia todas as manhãs reuniões de administração, relatórios, sistemas de gestão do desempenho organizados e outras coisas. Já não se tratava de experimentar novos produtos na cozinha e de estar disponível para qualquer nova sugestão. Havia mais comentários do género "é impossível" do que Sahar ouvia "por que não?". A fase sonhadora tinha chegado ao fim.

Há uma expressão famosa que Henry Ford usava quando tentava conseguir que a sua linha de montagem trabalhasse mais depressa, apesar de todos os colaboradores que trabalhavam nisso há anos lhe dizerem que era impossível. Ford dizia: "Então arranjem-me jovens de 25 anos de idade que não sabem que isso é impossível."

Ter uma equipa altamente experiente é uma espada de dois gumes. Enquanto que uma empresa empreendedora vive a sua vida criativamente, a organização madura vive a seguir as regras. A sabedoria convencional torna-se a filosofia dominante. Ter pessoas experientes a mandar "fechou a Coffee Republic numa caixa" e, com tantas regras e maneiras de fazer as coisas, a empresa já não estava aberta a tentar novas coisas. Há sempre milhões de razões que explicam por que é que não se podia fazer nada de novo. (Lembra-se da importância de estar às escuras?)

Nós não fomos os primeiros nem seremos os últimos empreendedores a sentir o choque de culturas. É um resultado inevitável do crescimento e da necessidade de manter o fino e delicado equilíbrio entre ser-se profissional e ser-se empreendedor.

crescimento

Outra das consequências da nossa nova estrutura profissional que observámos foi que o negócio era agora muito mais virado para dentro. Ligava-se mais importância ao que acontecia internamente do que externamente, no mundo do cliente da Coffee Republic. Era muito estranho observar a mudança de prioridades. Esta mudança de ênfase do externo para o interno é um sintoma típico de um negócio maduro e uma angústia típica da maioria dos empreendedores.

Houve vários debates saudáveis (e acesos) entre nós, os fundadores, e a nossa equipa de gestão. Valores de marca *versus* lucro! Um óptimo exemplo foi uma discussão sobre a importância da mistura do café. Para Sahar, mudar a mistura do café era uma violação do ADN pelo qual ela tinha lutado. Houve, depois disso, muitas batalhas semelhantes sobre outros assuntos: máquinas automáticas, venda de Coca-Cola, acabar com os cartões de cliente frequente, abandonar a música clássica e ópera, etc. Em todos os casos, a Sahar empreendedora resistiu à mudança, enquanto o novo Director-Geral lutava avidamente por ela.

Ele ganhou algumas batalhas. Acabámos com os nossos muito populares cartões de cliente frequente, que davam ao cliente o direito à décima bebida grátis. O Director-Geral considerou que eles proporcionavam o abuso. Era bom numa escala pequena mas, com mais de 25 lojas, não era prático controlar as borlas oferecidas. "Grátis" não era a luz certa a ter acesa numa organização com múltiplos estabelecimentos. E ele tinha razão. Teria sido óptimo manter o esquema, mas já não era prático.

Também deixámos a música clássica que Sahar acreditava ser parte integrante da CR. Mas ouvir agora a Jazz FM também não é assim tão mau! Talvez também aí a mudança tenha sido acertada.

Mas apesar dos choques com Sahar no seu papel de empreendedora, a nova equipa fez um trabalho fabuloso. Em 1999 e 2000, a Coffee Republic abriu quase 50 lojas. A taxa de crescimento colocou sérias pressões no negócio, mas a nova equipa era forte e suficientemente profissional para as suportar.

O milénio trouxe grandes picos à Coffee Republic. Fomos mencionados num relatório de mercado do *Financial Times* como uma das cinco marcas que representavam o novo Reino Unido. Tivemos uma grande promoção com o Tate Modern quando este museu abriu em Maio de 2000 e nos escolheu como parceiro de lançamento. Foi uma grande honra para nós termos sido escolhidos e foi fantástico estarmos envolvidos num monumento tão imponente em Londres.

Estávamos a abrir novas filiais a ritmos extraordinariamente rápidos, mas tínhamos uma equipa dedicada exclusivamente à abertura de lojas, cheia de energia e entusiasmo e que transformava cada novo estabelecimento numa Coffee Republic que o cliente reconhecia quase desde o primeiro minuto. Os tempos podem ter sido diferentes do que foram ao início, mas continuavam a ser muito entusiasmantes.

Éramos sempre convidados para a "cerimónia de fim de curso" que acontecia antes de cada abertura de loja, para celebrar o final da formação de uma nova equipa de colaboradores. Era maravilhoso, e ao mesmo tempo ligeiramente melancólico, aparecer apenas como convidados para estas lojas de café perfeitas, em cuja abertura não tínhamos estado pessoalmente envolvidos. Deve ser como se sentem os pais quando vão à cerimónia de licenciatura dos filhos. Está-se orgulhoso do que se produziu, mas ligeiramente impressionado com esta nova pessoa independente que se tem à frente. Alguém que, na verdade, já não precisa de si para sobreviver.

crescimento

A verdadeira mudança aconteceu quando o nosso Director-Geral declarou que tínhamos de nos mudar da Albermarle Street, uma vez que éramos demasiado grandes para esse espaço. Precisávamos de ter toda a empresa debaixo do mesmo tecto e ainda tínhamos contabilistas em Queensway e os Recursos Humanos em Garrick Street.

Para nós, esse foi o momento em que finalmente percebemos que a Coffee Republic já não precisava de nós. A mudança seria o último passo na caminhada para a vida adulta do nosso negócio. Sentimos que a nossa fase empreendedora tinha terminado e que, por isso, já não éramos cruciais para a empresa. Tínhamos sobrevivido aos anos "borbulhentos" da adolescência e mantido o ADN intacto. Tinha chegado a altura de largar o projecto.

epílogo

Depois de termos mudado para os novos escritórios em London Bridge sentimo-nos muito menos à vontade. Éramos menos felizes a trabalhar no que era agora um negócio gerido profissionalmente, com todos os processos, sistemas e hierarquias subjacentes. A Coffee Republic tinha atingido a idade adulta e, em relação aos seus fundadores, o seu papel tinha mudado irreversivelmente. Tínhamos construído um tipo de negócio do qual inicialmente queríamos fugir. A roda tinha feito um círculo completo.

Um fenómeno comum na maturidade de um negócio é a partida dos fundadores. As lendas do crescimento do negócio alertam sempre os fundadores que permanecem demasiado tempo e ignoram a regra táctica de que chega uma altura em que o fundador tem de sair. Ignore esta regra e irá tornar-se um pai demasiado protector que limita o crescimento dos seus filhos. Há uma crença antiga de que os empreendedores nunca são bons gestores.

Sempre soubemos que a nossa altura iria acabar por chegar. Essa altura foi em Abril de 2001.

A Coffee Republic era um adulto totalmente independente, forte, com uma alma e os valores certos, e percebemos que a devíamos deixar partir por si própria com esta nova equipa.

qualquer um consegue

Foi uma constatação muito triste para nós. Dizem que os empreendedores conjugam deixar a empresa que fundaram com emoções e sentimentos de luto. É verdade. A separação foi muito dolorosa para nós.

Sahar regressava dos EUA no dia em que o *Financial Times* publicou a notícia de que ela e Bobby tinham abandonado os seus papéis na gestão da Coffee Republic. Encontrou um exemplar do *FT* na sala de espera da British Airways e começou a chorar incontrolavelmente. Os outros passageiros ficaram intrigados com o que é que poderia haver de tão doloroso e trágico num jornal de negócios que pudesse suscitar tamanha emoção.

Mas eles nunca irão saber. Mesmo que saibam, nunca irão compreender.

Porque nunca foram empreendedores...

agradecimentos

Decidimos escrever este livro porque acreditamos que temos uma história para contar e que, ao relatarmos aquilo que fizemos e o que nos aconteceu em consequência disso, o leitor ficará com uma ideia da viagem que é o empreendedorismo. Para quem aspire dar esse salto por si próprio, este livro pode provar ser útil, porque é um *case study* da vida real.

Começámos a nossa viagem pela escrita da mesma maneira que estabelecemos o caminho para o empreendedorismo. Quando começámos, não fazíamos a mínima ideia de como contar a nossa história... apenas sabíamos o que queríamos conquistar. Pensámos que conseguiríamos descobrir o resto ao longo do caminho.

No processo de tornar este livro realidade, ficámos espantados com a semelhança entre os processos de escrita e publicação e o processo do empreendedorismo. Começa com a "ideia luminosa" – aquele momento em que sabemos que queremos escrever um livro. Seguidamente, tenta compreender-se se a ideia do livro tem alguma procura no mercado livreiro (estudo de mercado) e depois escreve-se tudo numa proposta de livro (o plano de negócios). A certa altura do percurso, tem-se o momento "aha!" da descoberta do título. Depois, procura-se um editor (angariar financiamento) e, uma vez encontrado, começa a escrever-se o livro (implementação). A seguir, tem que se vender e promover o resultado final. É o mesmo processo e os mesmos instrumentos que utilizámos para criar a Coffee Republic. E teve os mesmos picos de euforia e os mesmos momentos desmoralizantes.

Tal como acontece na viagem do empreendedorismo, recebe-se uma ajuda incalculável daqueles que se encontra pelo caminho e é a eles que queremos agradecer aqui:

A Friso van Oranje por ter tido a ideia do título **Qualquer um consegue*** numa fria manhã de Janeiro na Coffee Republic da Fleet Street: um título que moldou o significado e conteúdo deste livro.

A Mark Allin da Capstone, por ter dito a Sahar numa tarde igualmente cinzenta de Janeiro na Coffee Republic de Chiswick: "Quero mesmo publicar o vosso livro: digam-me o que é preciso para que me deixem fazê-lo."

A Keith Brody, o nosso editor, por ter aturado com bom humor e compreensão os por vezes anárquicos e sempre perfeccionistas caprichos e exigências de um empreendedor (para quem a escrita não surge facilmente).

A Grace O'Byrne da Capstone, por ter juntado tudo e transformado os manuscritos, apontamentos e imagens num livro palpável.

Finalmente, um enorme agradecimento pelo esforço conjunto de equipa da Capstone e da John Wiley: especialmente a Katherine Hieronymus, Julia Lampam, Oriana Di Mascio, Iain Campbell e Adrian Weston. Qualquer esforço criativo que acabe por se basear na realidade é o resultado de um trabalho de equipa e este livro nunca se teria materializado sem os vossos esforços.

E, por fim, continuam a perguntar-nos se tivemos ou não alguns mentores durante o crescimento da Coffee Republic. Reflectindo agora sobre isso, tivemos: os nossos mentores foram os nossos directores não executivos: Nitin Shah, Stephen Thomas e Nicholas Jeffrey. Obrigado por nos terem apoiado até ao fim.

Porquê o Prince's Trust?

Chamámos a este livro **Qualquer um consegue** e este título reflecte a nossa educação – fomos educados a acreditar em nós próprios e a confiar no nosso discernimento. O facto de os nossos pais nos terem dado esta confiança e auto-estima

---

* **N. T.** No original, *Anyone Can Do It*.

agradecimentos

é a maior dádiva que pode haver. Há tantos jovens a quem, infelizmente, não foi transmitida a mesma confiança em si próprios de que precisavam para poderem concretizar os seus sonhos.

É aqui que entra o Prince's Trust. Aliviando alguns dos fardos e obstáculos que são postos no caminho destes jovens, permite-lhes usar da melhor maneira as suas capacidades e talentos inatos. O Prince's Trust ajuda-os a ter um futuro onde existe liberdade de escolha e a possibilidade de atingir os seus objectivos.

O Prince's Trust é, portanto, a manifestação física da ética de que "qualquer um consegue".

Só recentemente é que a semelhança entre o lema do Trust "sim tu consegues" e o título do nosso livro nos chamou a atenção para o importante papel que o Prince's Trust desempenha, ao ajudar jovens entre os 14 e os 30 anos que se deparam com obstáculos para tornar o seu potencial inexplorado em sucesso real. O seu programa de apoio à criação de empresas* oferece crédito com juros reduzidos, aconselhamento e outros apoios.

O que é incrível é que aproximadamente 60 por cento das *start-ups* que apoiam ainda estão activas ao fim de três anos – o dobro da média nacional! Até agora, ajudaram 50 mil jovens a criar mais de 45 mil negócios. Isto é, em média, um negócio por cada meia hora de um dia de trabalho.

Nós não fazíamos ideia do tipo de negócios apoiados pelo Prince's Trust, até que nos lembrámos de recorrer a um deles para produzir a fotografia da capa do nosso livro. Ficámos realmente surpreendidos com o talento que encontrámos.

Escolhemos trabalhar com Stuart Hollis, que representa uma história de sucesso extraordinária. Ele era um desempregado com mulher e um filho e nada mais além do sonho de começar a ganhar dinheiro com a sua paixão pela fotografia. O Prince's Trust ajudou-o com um empréstimo de três mil libras a juros reduzidos, um subsídio para *marketing* de 200 libras e colocou-o em

---

* **N. T.** No original, *Business Start-up Programme*.

contacto com um mentor de negócios, um contabilista reformado que provou ser indispensável ao ensinar-lhe tudo o que ele não sabia sobre negócios. Para abreviar uma longa história, Stuart ainda recentemente fotografou Tony Blair e a BBC atribui-lhe trabalhos com regularidade.

Há muitas outras histórias de sucesso como a de Stuart. O *top 50* dos negócios apoiados pelo Trust factura quase 148 milhões de libras e emprega cerca de 2.255 pessoas. Em suma, o Prince's Trust elimina os obstáculos e permite que os jovens "activem" as qualidades empreendedoras que todos têm dentro de si.

Novembro de 2002
Londres

Segue-se apenas uma pequena selecção de recortes de jornal de que nos orgulhamos sobre o **Qualquer um consegue** e algumas cartas de leitores que tocaram realmente o nosso coração:

> *"Os empreendedores em germinação irão ficar fascinados e encontrar, ao mesmo tempo, valiosos conselhos práticos."*
> MAIL ON SUNDAY

> *Se quer criar o seu negócio, este é o livro de que precisa. Está repleto de informação útil, incluindo o plano de negócios original da Coffee Republic. E mesmo que não queira criar o seu próprio negócio é, ainda assim, uma boa leitura."*
> BUSINESS LIFE

agradecimentos

"Se está a pensar criar o seu próprio negócio, leia este livro... uma leitura fascinante.

EDGE

"... interessará a qualquer pessoa que tenha uma 'grande ideia'. Mesmo que não esteja interessado em gerir um negócio, proporciona-lhe um relato fascinante de uma história de sucesso."

EVENING STANDARD

"Ao contrário das histórias da Nike e da Amazon, não é apenas um relato do que aconteceu: é também um manual. Assim, por um lado irá ter um relato pormenorizado das coisas tal como aconteceram... mas, por outro, obtém conselhos práticos sobre as coisas que deve e não deve fazer, caso esteja a começar o seu próprio negócio... É uma leitura essencial para qualquer potencial Richard Branson."

MANAGEMENT TODAY

"Muita da informação é senso comum. Contudo, encoraja todos aqueles aspirantes a Hashemis que estão de braços cruzados porque lhes falta auto-confiança ou uma ideia por onde começar."

BUSINESS AM

"Para qualquer aspirante a patrão de si próprio que tenha sido motivado a 'Just do it' pela história da Nike... ou tenha sido seduzido pela autobiografia de Richard Branson Losing my Virginity, *[ou] tenha ganho uma consciência ética graças ao livro de Anita Roddick* Business as Unusual... *este livro toca em todas as teclas certas."*

BUSINESS EYE

"... vai adorar esta história 'tal como ela é'. Divertida, acessível e realmente útil."

PARIS WOMEN'S NETWORK

"Qualquer um consegue *é um excelente texto de apoio para um curso de criação de novos empreendimentos. A discussão do que envolve começar por identificar uma oportunidade até ao lançamento de um negócio – que é frequentemente ignorada nos manuais académicos – é um dos pontos fortes deste livro. Devia ser uma leitura recomendada a todos os estudantes de cursos sobre empreendedorismo."*

PROFESSOR COLIN MASON, *Hunter Centre For Entrepreneurship, Universidade de Strathclyde, Glasgow.*

Caros Sahar e Bobby,
Tenho andado para vos escrever há algum tempo para vos dizer o quanto gostei do vosso livro e o quanto me ajudou a estabelecer a minha própria empresa. Sou um advogado especializado em Direito de Planeamento do Território. As grandes sociedades não me serviam e, em Dezembro passado, decidi que

agradecimentos

> *ia trabalhar por conta própria. Peguei num exemplar do vosso livro e li-o numa noite. Usei o modelo de plano de negócios como base para o meu próprio plano. Abri as portas no dia 1 de Maio e tenho-me divertido imenso.*
> *A vossa história fez realmente a diferença para mim – é genuína, entusiástica e deu-me a coragem de que precisava para dar o passo que há muito queria dar.*
>
> Richard Max, Richard Max & Co Solicitors

> *Estamos encantados por nos terem cedido as receitas dos direitos de autor do livro. Esse dinheiro irá servir para ajudarmos mais jovens a ultrapassar obstáculos e a pôr a sua vida a andar, e estamos extremamente gratos.*
>
> Prince's Trust

> *Estou a escrever-vos sobre o quanto gostei do vosso livro. Qualquer pessoa interessada irá aprender bastante e uma das coisas que realmente me fascinou foi que, de repente, percebi que vocês os dois dariam óptimos produtores de filmes! Cada pequeno conselho que dão aplica-se a mim quando estou a produzir. A primeira coisa a fazer quando se produzem filmes é organizar um plano de negócios – mas na indústria cinematográfica não é assim que se chama. É conhecido por Calendário & Orçamento! Quem deseje abordar um financiador para apoiar uma ideia que tenha para um filme tem de ter este documento e tudo acontece exactamente como vocês dizem no vosso livro. Sempre pensei em nós como "empreendedores" quando estamos a fazer os nossos filmes e agora o vosso livro veio confirmar que, de facto, é isso que nós somos.*
>
> Lord Brabourne, Produtor de *Passagem Para A Índia* e *Um Crime no Expresso do Oriente*

Só uma pequena nota para vos dizer o quanto gostei do vosso livro. Leio quase todos os livros sobre negócios que consigo encontrar, mas realmente senti que este era especial. Esta é apenas a segunda vez que escrevo a autores a dizer-lhes o quanto gostei do seu livro.

Adoro a honestidade do vosso livro e a paixão óbvia que vocês têm pela vossa empresa. Vou recomendá-lo a todos os meus amigos que estão mesmo no limiar de criarem as suas primeiras empresas, mas que precisam de um empurrão final! Vocês inspiraram toda uma nova geração de empreendedores.

Michael Acton Smith, CEO da *Firebox.com*

Li o livro pela primeira vez no início do meu negócio, quando estava a atravessar um período difícil e a decidir se haveria de continuar o meu sonho e a minha visão. A vossa história e os detalhes sinceros sobre os vossos altos e baixos pessoais não foram apenas algo com o qual me identifiquei, mas também uma enorme inspiração.

Uma vez que estou a lançar uma marca de roupa, também sofro com as dificuldades de fornecimento e o vosso livro recorda-me que há uma razão para continuar a fazer o que estou a fazer e que há uma luz ao fundo do túnel desses dias difíceis e solitários, inevitáveis no estabelecimento de um negócio. Recorro frequentemente ao livro e tornou-se a minha bíblia dos negócios.

Elaine Aitken, Fundadora, *ME-O-MI LTD Business*

Gostou deste livro? Oferecemos-lhe a oportunidade de comprar outros dos nossos títulos com 10% de desconto. O envio é gratuito (correio normal) para Portugal Continental e Ilhas.

☐	*Sociedade Pós-Capitalista* Peter F. Drucker	19 € + iva = 19,95 €
☐	*Liderança Inteligente* Alan Hooper e John Potter	19 € + iva = 19,95 €
☐	*O que é a Gestão* Joan Magretta	19 € + iva = 19,95 €
☐	*A Agenda* Michael Hammer	19 € + iva = 19,95 €
☐	*O Mundo das Marcas* Vários	20 € + iva = 21,00 €
☐	*Vencer* Jack e Suzy Welch	21 € + iva = 22,05 €
☐	*Como Enriquecer na Bolsa* Mary Buffett e David Clark com Warren Buffett	14 € + iva = 14,70 €
☐	*Vencer* (áudio) Jack e Suzy Welch	15 € + iva = 18,15 €
☐	*O Diário de Drucker* (versão capa mole) Peter Drucker com Joseph A. Maciarello	19 € + iva = 19,95 €
☐	*O Mundo é Plano* Thomas L. Friedman	20 € + iva = 21,00 €
☐	*O Futuro é Hoje* John C. Maxwell	19 € + iva = 19,95 €
☐	*Vencedores Natos* Robin Sieger	19 € + iva = 19,95 €
☐	*Nunca Almoce Sozinho* Keith Ferrazzi com Tahl Raz	19 € + iva = 19,95 €
☐	*Sou Director, e Agora?* Thomas J. Neff e James M. Citrin	19 € + iva = 19,95 €
☐	*O Meu Eu e Outros Temas Importantes* Charles Handy	19 € + iva = 19,95 €
☐	*Buzzmarketing* Mark Hughes	19 € + iva = 19,95 €
☐	*A Revolução da Riqueza* Alvin e Heidi Toffler	21 € + iva = 22,05 €
☐	*A Cauda Longa* Chris Anderson	20 € + iva = 21,00 €
☐	*Vencer: As Respostas* Jack e Suzy Welch	19 € + iva = 19,95 €
☐	*Um Nível Superior de Liderança* Ken Blanchard	19 € + iva = 19,95 €
☐	*Know-How* Ram Charan	19 € + iva = 19,95 €
☐	*Mavericks no trabalho* William C. Taylor e Polly LaBarre	20 € + iva = 21,00 €

Colecção Espírito de Negócios

☐	*Gestão do Tempo* Polly Bird	18 € + iva = 18,90 €
☐	*O Poder do Pensamento Positivo nos Negócios* Scott W. Ventrella	18 € + iva = 18,90 €
☐	*A Arte da Liderança Pessoal* Randi B. Noyes	18 € + iva = 18,90 €
☐	*Comunicar com Sucesso* Perry Wood	18 € + iva = 18,90 €
☐	*Persuasão* Dave Lakhani	18 € + iva = 18,90 €
☐	*Como destruir uma empresa em 12 meses... ou antes* Luis Castañeda	18 € + iva = 18,90 €
☐	*Ler Depressa* Tina Konstant	18 € + iva = 18,90 €
☐	*Como gerir pessoas difíceis* Carrie Mason Draffen	18 € + iva = 18,90 €

Colecção Harvard Business School Press

☐	*Visão Periférica* George S. Day e Paul J.H. Schoemaker	20 € + iva = 21,00 €
☐	*Questões de Carácter* Joseph L. Badaracco, Jr.	20 € + iva = 21,00 €
☐	*A estratégia Oceano Azul* W. Chan Kim e Renée Mauborgne	20 € + iva = 21,00 €
☐	*Síndrome do Macho Alfa* Kate Ludeman e Eddie Erlandson	20 € + iva = 21,00 €

Colecção Jovem Empreendedor

☐	*Por que é que os empreendedores devem comer bananas* Simon Tupman	19 € + iva = 19,95 €

Colecção Conceitos Actuais

☐	*Afinal quem são "eles"?* B.J. Gallagher e Steve Ventura	16 € + iva = 16,80 €
☐	*O Tao de Warren Buffett* Mary Buffett e David Clark	12 € + iva = 12,60 €
☐	*As leis "não escritas" da gestão* W.J. King (actualização de G. Skakoon)	12 € + iva = 12,60 €

Total	
10% desconto	
Custo Final	

Pode enviar o pagamento por cheque cruzado, ao cuidado de **Conjuntura Actual Editora, L.ᵈᵃ** para a seguinte morada:
Caixa Postal 180 | Rua Correia Teles, 28-A | 1350-100 Lisboa | Portugal
Por favor inclua o nome completo, morada e número de contribuinte.

Para mais informações sobre os nossos livros consulte o nosso *site*:
www.actualeditora.com